Da wackelt die Bütt

Pit Kramer (Hrsg.)

Da wackelt die Bütt

Vorträge für die tollen Tage

Möller
VERLAG

Bitte beachten Sie unseren Hinweis auf weitere Karnevalstitel im Möller-Programm am Ende dieses Buches.

Unser Beitrag zum Umweltschutz:
Papier aus chlorfrei gebleichtem Zellstoff

Die Deutsche Bibliothek – CIP-Einheitsaufnahme

Da wackelt die Bütt : Vorträge für die tollen Tage /
Pit Kramer (Hrsg.). – Niedernhausen/Ts. : Möller, 1993
ISBN 3-8159-0035-2

ISBN 3 8159 0035 2

Titelbild: Bernd Eisert, Blaustein
Zeichnungen: Fay Grambart, Offenbach
Satz: Grunewald Satz & Repro GmbH, Kassel
Druck: Graphischer Großbetrieb Pößneck GmbH
Ein Mohndruck-Betrieb

817 2635 4453 6271

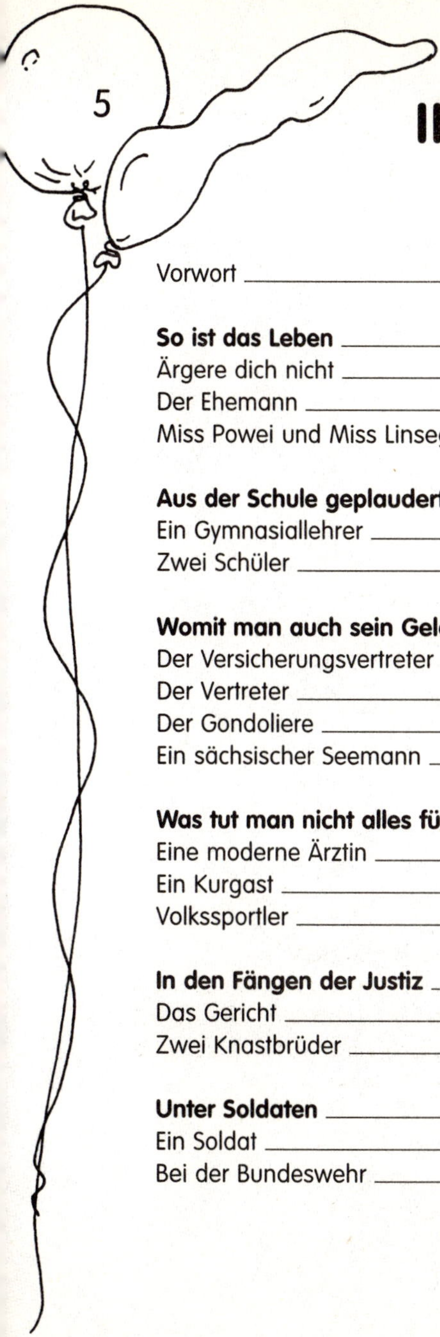

INHALT

VORWORT

Liebe Närrinnen, liebe Narren!

Wieder einmal ist es soweit: Der Karneval rückt unaufhaltsam näher. Höchste Zeit also, um mit den Vorbereitungen zu beginnen!

Für »Da wackelt die Bütt« haben erfolgverwöhnte Narren sechzehn originelle Reden geschrieben, die hier zum ersten Mal veröffentlicht werden. Von Ehemännern und -frauen ist darin die Rede, von Lehrern und Schülern, Ärzten und Patienten, Richtern und Angeklagten – da ist für jeden etwas dabei! Auch aktuelle politische Bezüge werden Sie hier nicht vergeblich suchen – ein Feuerwerk witziger Einfälle und zündender Pointen erwartet Sie!

Ein Vorteil der hier vorgestellten Büttenreden ist, daß Sie dabei keinen großen Aufwand an Kostümen oder Requisiten treiben müssen. Wichtig ist vor allem Ihre Persönlichkeit, von der Ihr Vortrag geprägt wird. Versuchen Sie nicht, einen von Ihnen bewunderten Büttenredner nachzuahmen, das führt wahrscheinlich nur zu einer Enttäuschung. Wählen Sie aus dem bunten Potpourri die Büttenreden aus, die Ihnen besonders liegen, und ergänzen Sie sie gegebenenfalls durch persönliche Gags und lustige Einfälle.

Ein begeistertes Publikum und rauschenden Beifall wünscht Ihnen

Ihr
Pit Kramer

SO IST DAS LEBEN

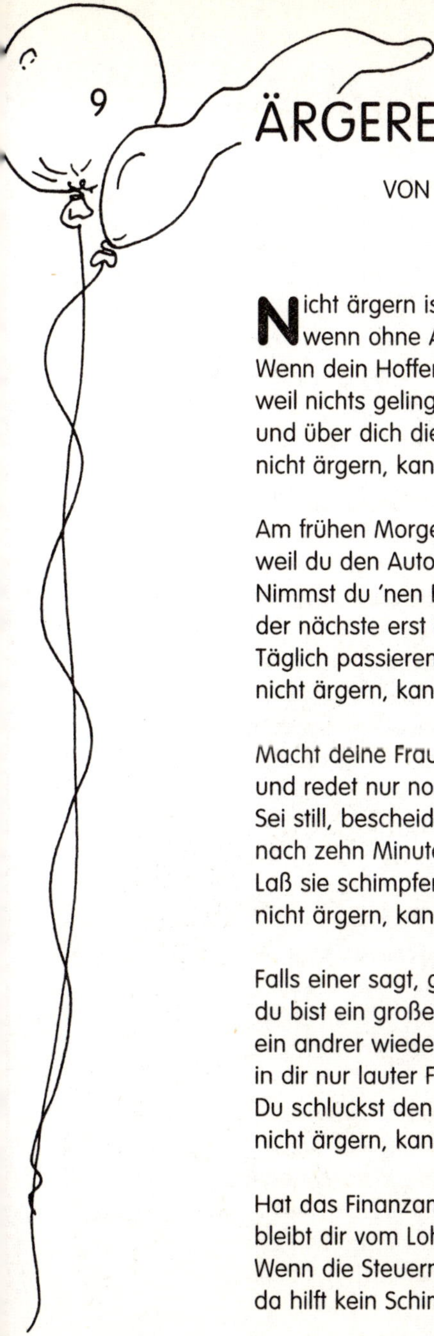

9

ÄRGERE DICH NICHT

VON KARL HEINZ OHM

Nicht ärgern ist 'ne Kunst im Leben,
wenn ohne Aussicht ist dein Streben.
Wenn dein Hoffen auf den Hund gekommen,
weil nichts gelingt, was du dir vorgenommen,
und über dich die Nachbarn lachen –
nicht ärgern, kannste doch nichts machen.

Am frühen Morgen mußt du's schon verwinden,
weil du den Autoschlüssel nicht kannst finden.
Nimmst du 'nen Bus jetzt, ist's zu spät,
der nächste erst in einer Stunde geht.
Täglich passieren dir nun solche Sachen –
nicht ärgern, kannste doch nichts machen.

Macht deine Frau dir auch Verdruß
und redet nur noch blanken Stuß:
Sei still, bescheiden nimm's in Kauf,
nach zehn Minuten hört se wieder auf.
Laß sie schimpfen, laß sie krachen –
nicht ärgern, kannste doch nichts machen.

Falls einer sagt, ganz ohne Grund,
du bist ein großer Schweinehund,
ein andrer wieder, natürlich unbegründet,
in dir nur lauter Fehler findet:
Du schluckst den Kloß in deinen Rachen –
nicht ärgern, kannste doch nichts machen.

Hat das Finanzamt dich am Zipfel,
bleibt dir vom Lohne nicht ein Tüpfel.
Wenn die Steuern in die Höhe klettern,
da hilft kein Schimpfen und kein Wettern.

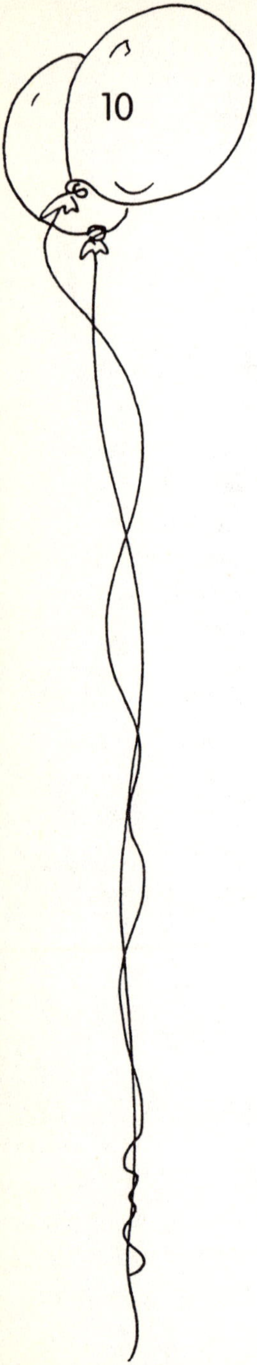

Immer wieder trifft's die Schwachen –
nicht ärgern, kannste doch nichts machen.

Springt dir vom Kragen ab der Knopf,
packt dich die Grippe fest am Schopf,
will dir der Kaufmann nichts mehr pumpen,
nennt dich gar einen alten Lumpen,
bist blank du, wie von Gott erschaffen –
nicht ärgern, kannste doch nichts machen.

Ist schon über siebzig dein Gemahl,
und du möchtest immer noch einmal,
drei Stunden braucht dein Gatte dann,
bis du endlich merkst: Da is' was dran.
Er ist schon abgekämpft, der alte Drachen –
nicht ärgern, kannste doch nichts machen.

Oder freist du um ein Mägdelein,
bittest sie zum trauten Stelldichein,
ist auch umsonst dein Liebeswerben,
kannst absolut bei ihr nichts erben,
sie will durchaus dich nicht beachten –
nicht ärgern, kannste doch nichts machen.

Gehst du einmal zum Traualtar,
wie das so früher üblich war,
du sagst dann »Ja«, nur sie sagt »nein«
(auch solches soll mal möglich sein):
Egal, wie wir es auch betrachten –
nicht ärgern, kannste doch nichts machen.

Hat dich die Straßenbahn versetzt,
weil du zu spät bist angewetzt,
bist krank am Magen, an den Nerven,
hast du dir sonstwas vorzuwerfen,
will dir jemand nach dem Leben trachten –
nicht ärgern, kannste doch nichts machen.

Ist dein Wagen eine alte Kutsche,
die grade durch den TÜV noch rutschte:

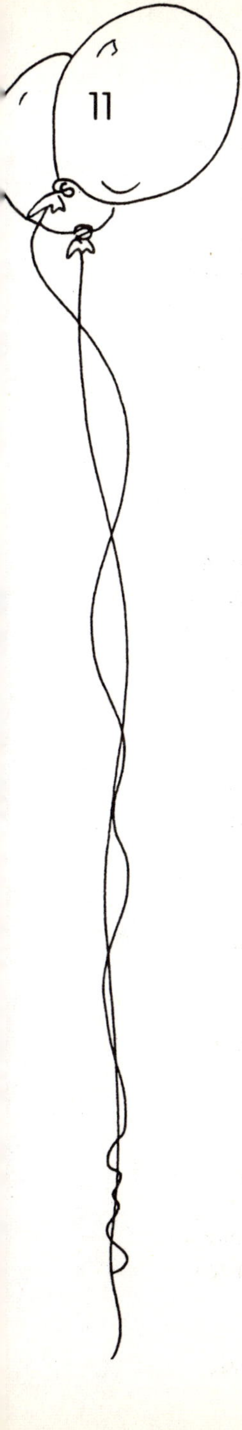

Möchtest gern wohl 'nen Mercedes haben?
Allein, den wirst du niemals fahren,
mit Sparen ist das nicht zu schaffen –
Nicht ärgern, kannste doch nichts machen.

Vielleicht hast du mit deinem Wagen
bei Rot 'ne Kreuzung überfahren?
Von fern hörst du das Martinshorn,
mein Freund, paß auf, sie kommen schon!
Die Polizei wird dich bewachen –
nicht ärgern, kannste doch nichts machen.

Bist mit der Politik du unzufrieden,
die reden doch nur lauter Lügen,
du fragst: Wie endet das denn wohl?
In Bonn da machen sie bloß SauerKOHL,
palavern rum wie tausend Affen –
nicht ärgern, kannste doch nichts machen.

Für 'nen Konzern mit großem Name',
tun schon Minister die Reklame.
Nur Tante Emma muß allein sich quälen,
sie darf die Minister auch noch wählen,
zahlt die Steuern, muß berappen –
nicht ärgern, kannste doch nichts machen.

Es ist verkehrt in dieser Welt,
immer kommt es anders als man denkt.
Warst eben noch ein großer Mann,
was morgen schon sich ändern kann.
Sie halten dich jetzt für 'nen Laffen –
nicht ärgern, kannste doch nichts machen.

Weil mich nun keiner mehr kann leiden,
will ich noch dies Gedichtlein schreiben.
Ein Abschiedsgruß soll es nur sein,
dann legt man mich ins Grab hinein.
Die Lieben stehen rum und gaffen –
nicht ärgern, kannste doch nichts machen.
Helau!

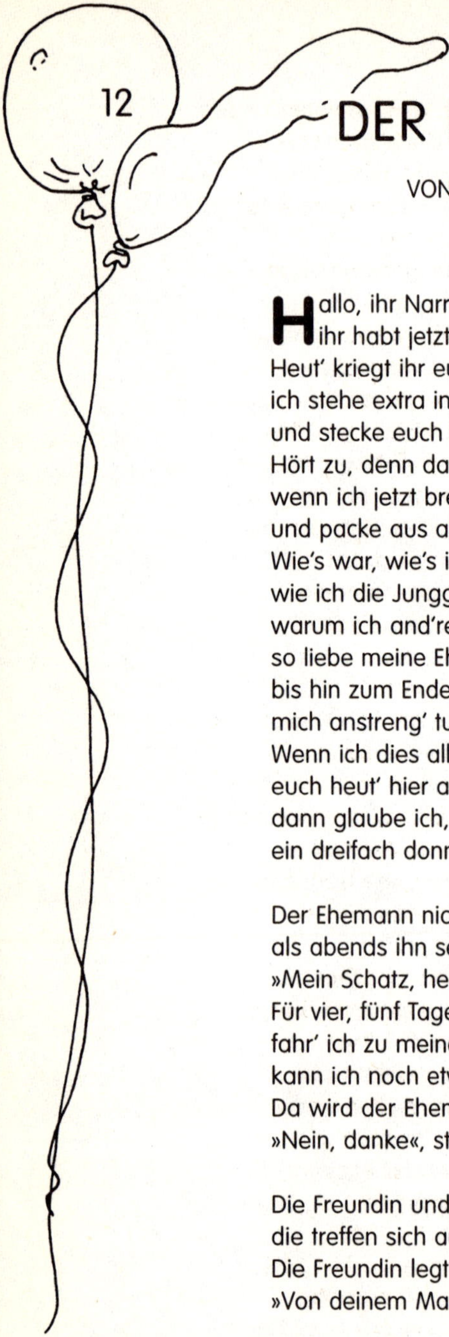

DER EHEMANN

VON MICHAEL ADAM

Hallo, ihr Narren hier im Saal,
ihr habt jetzt keine and're Wahl:
Heut' kriegt ihr euer Fett hier mit,
ich stehe extra in der Bütt
und stecke euch die Fastnachtswitz'.
Hört zu, denn das ist extra spitz,
wenn ich jetzt breche hier den Bann
und packe aus als Ehemann:
Wie's war, wie's ist und wie ich leide,
wie ich die Junggesell'n beneide,
warum ich and'rerseits genau
so liebe meine Ehefrau,
bis hin zum Ende ihrer Tage,
mich anstreng' tu und auch noch plage.
Wenn ich dies alles, sehr fidel,
euch heut' hier aus der Bütt erzähl',
dann glaube ich, dies braucht genau
ein dreifach donnerndes Helau!

Der Ehemann nichts Böses ahnt,
als abends ihn sein Weib umgarnt:
»Mein Schatz, heut' überrasch' ich dich:
Für vier, fünf Tage sicherlich
fahr' ich zu meiner Mutter nun –
kann ich noch etwas für dich tun?«
Da wird der Ehemann vergnügt:
»Nein, danke«, strahlt er, »das genügt ...«

Die Freundin und die Ehefrau,
die treffen sich auf einer Schau.
Die Freundin legt gleich munter los:
»Von deinem Mann«, sagt sie grandios,

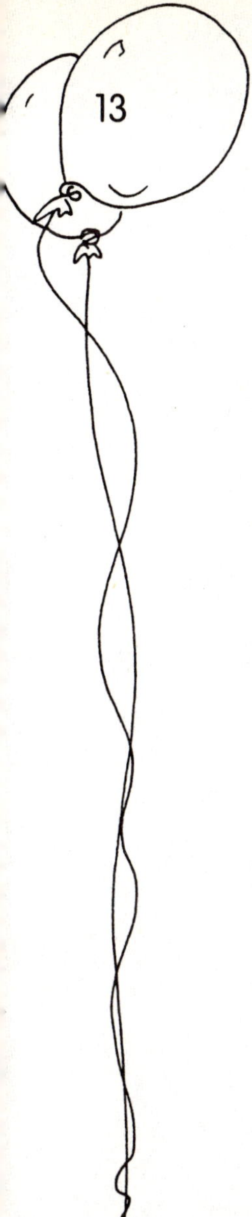

»hab' ich ja allerhand vernommen,
mir ist doch da zu Ohr'n gekommen ...«
»Laß hören«, sagt die Ehefrau,
»ich muß das wissen ganz genau,
erzähl mir jede Einzelheit,
ich brauch' doch dringend noch ein Kleid ...«

Vier Wochen war ein junges Paar
verheiratet – das ist jetzt wahr –
da ruft die junge Frau alsdann,
verzweifelt ihre Mutter an:
»Bei uns tat's gestern furchtbar krachen,
was soll ich Ärmste denn nun machen?«
»Bleib cool«, sagt Mutter, das geschehe
doch irgendwann in jeder Ehe.
»Ja nur«, schluchzt ihre Tochter los,
»was mach' ich mit der Leiche bloß ...?«

Ein Liebesfilm im Kino läuft,
das Schmalz schon von der Leinwand träuft.
Da stößt die Ehefrau den Mann,
der neben ihr sitzt, leise an:
»Was meinst du, ob denn wohl zum Schluß
die Hochzeitsglocke läuten muß?«
»Na klar«, brummt der wie Isegrimm,
»so Filme enden immer schlimm ...«

Potenzprobleme sind für'n Mann
das Schlimmste, was er haben kann.
Ein Ehemann mit solcher Pein
kam neulich zu 'nem Doktor rein,
der gab dem Guten mit Bedacht
zehn Pillen für die Manneskraft.
Mit diesem Zeug, teilt er ihm mit,
da wird er wieder superfit!

Vier Wochen später kommt der Dolle
erneut zum Doktor, zur Kontrolle.
Der guckt und fragt, wie es ihm geht,
ob alles denn zum besten steht?

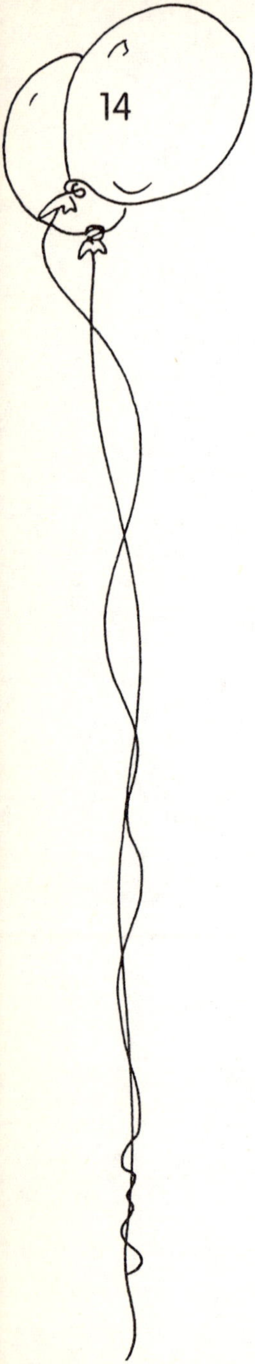

»Das Mittel«, schwärmt der, »ist 'ne Pracht,
ich kann jetzt wieder jede Nacht …«
»Und was hat Ihre Frau gesagt?«
wurd' er vom Doktor noch gefragt.
Da lacht der keck ihm ins Gesicht:
»Daheim war ich seitdem noch nicht …!«

Gut zwanzig Jahre sind vorüber,
da trifft ein Freund den and'ren wieder
und plaudert, wie in alter Zeit,
besonders von der Weiblichkeit.
»Hast du noch nicht«, fragt er erregt,
»im Ehehafen angelegt?«
»Ich habe mich«, sagt der verzückt,
»mit Hafenrundfahrten begnügt …«

Beim Anwalt sitzt, ihr werd's kaum fassen,
'ne Frau, die will sich scheiden lassen.
Ob denn ihr Mann, fragt der Jurist,
ein ausgebuffter Säufer ist?
Ob er vielleicht, der Doktor fragt,
nachdem die Frau verneint dies hat,
sie schlagen tut mit voller Wut,
das wär' als Scheidungsgrund ganz gut.
Auch dazu sagt das Frauchen nein,
da fällt dem Anwalt drittens ein,
er fragt, wie's mit der Treue steht,
vielleicht wär' das ein Grund, der geht?
Da fängt die Frau zu strahlen an,
holt ganz tief Luft und sagt alsdann:
»Da krieg'n wir ihn ran, da ist er drin,
das dritte Kind ist nicht von ihm …!

Ein Freund ist für 'nen Ehemann
das Beste, was er haben kann.
So'n richtig echtes Kumpeltier
fragt neulich seinen Freund beim Bier:

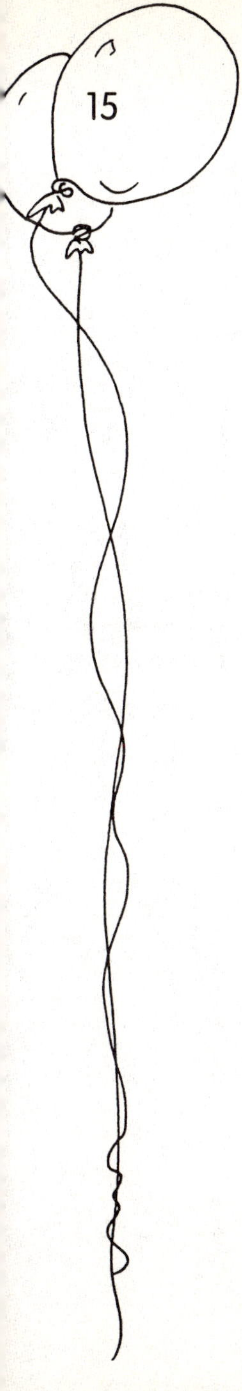

»Wie werd' ich meine Frau bloß los,
und's Risiko ist nicht so groß?«
»Vier Wochen«, hat der ihm gesagt,
»mußt du die Schraube Nacht für Nacht
vernaschen, bis das Bett zerbricht,
das überlebt sie sicher nicht!«

Nach gut drei Wochen kommt er dann
erneut bei seinem Freunde an.
Die Frau sieht gut aus, singt und lacht,
nur er hat Sorgen ihm gemacht,
ein Bild des Jammers ist der Mann.
»Wie geht's«, haut ihn der Freund da an.
»Na, so lala«, sagt der profan,
»nur schau dir meine Alte an,
die ahnt noch nichts von ihrer Not,
in drei, vier Tagen ist se tot . . .«

Jetzt reicht's, ihr Leut', sonst wird's zu doll,
am End' krieg' ich die Hucke voll,
von allen Frauen hier im Saal,
die lauern ja schon überall
auf so'nen tollen Kerl wie mich,
das wird dann wieder fürchterlich!
Drum trete ich jetzt schnell hier ab,
nur eins sag' ich euch noch hinab,
seid nett und gebt der Ehe Ehr',
nicht daß ich folgendes noch hör':

Er sagt, daß er sie schrecklich liebt,
worauf sie ihm zur Antwort gibt:
»Mein Schatz, es ist noch nicht zu spät,
ich zeig' dir noch, wie's richtig geht . . .«
Wenn's soweit ist, ihr Fastnachtsschar,
dann ist's das Ende, das ist wahr.
Der Narr verläßt jetzt hier die Schau
und grüßt euch alle mit Helau!

MISS POWEI UND MISS LINSEGASS

VON MARIANNE MEYER

M. Linsegass: Am Christbaum brennen noch die Kerzen,
ergriffen sind auch alle Herzen.
Das Spritzgebäck steht auf dem Tisch,
der Lebkuchen ist auch noch frisch.
Die Narren aber sind schon da,
vom Himmel hoch – halleluja.

M. Powei: Als wir euch Frauen hier im Saal das letzte Mal gesehn,
da haben wir gedacht: Oh, wie sind die all' so schön.
Nur wir sehen nicht mehr so gut aus, o Gott erbarm,
bei uns hilft nur noch ein Besuch auf der Schönheitsfarm.

M. Linsegass: Ein Doktor hieß uns sehr willkommen.
Er meint, wir wären grad noch rechtzeitig gekommen.
Unser Haar, die Augen, das Doppelkinn,
der Busen, die Beine, alles wäre hin.

M. Powei: Ich wurde massiert und auch geliftet und, wie famos,
aus der übrigen Haut bekam mein Walter noch eine Sepplhos.
Meine Beine wurden mir passiert,
mein Schnurres wurde mir pikiert,
der Busen gehoben,
der Bauch zurückgedrückt.

M. Linsegass: Dann hörten wir den Doktor sagen: O Gott, was sind die beiden uns mißglückt.

M. Powei: Er sagt, zur Miss Welt hätten wir es doch nicht gebracht.

M. Linsegass: Der guckt mich an, ich werd' ganz blaß.
»Nur ruhig«, sagt er, »Sie schaffen's grad noch zur Miss Linsegass.«

M. Powei: Mir war inzwischen alles einerlei. Er sagt zu mir: »Sie eignen sich ganz toll zur Miss Powei.«

M. Linsegass: Selig, die heute nichts erwarten, denn sie werden nicht enttäuscht werden – Vers Lukas, Kapitel 08/15.

M. Powei: Denk mal, ich habe eine Einladung bekommen für zwei Tage nach Baden-Baden.

M. Linsegass: Da holst du doch sicher deine Tochter mit.

M. Powei: Stimmt, vielleicht bringe ich sie da an den Mann.

M. Linsegass: Das ist doch so ein schönes Mädchen, die sieht aus wie ein Engel.

M. Powei: Was nutzt mich das, wenn kein Teufel sie will.

M. Linsegass: Sag mal, ich kam eben die Treppe hinauf, da tritt mir doch ein Mann auf mein Kleid. Ich sagte: »Sie Ochse, können Sie nicht aufpassen!« Da sagte er: »Entschuldigen Sie, ich habe nicht gewußt, daß eine Kuh einen so langen Schwanz hat.«

M. Powei: Meiner Freundin ist schon der zweite Mann weggelaufen. Sie wollten sich jedesmal Zigaretten aus dem Automat holen und kamen nicht mehr zurück. Nun hat sie den dritten Mann.

M. Linsegass: Oh, da muß sie aber jetzt aufpassen.

M. Powei: Es kann jetzt nicht mehr passieren. Sie hat nun einen Zigarettenautomaten im Schlafzimmer hängen.

M. Linsegass: Als ich eben zur Stadthalle reinkam, kam mir unser Herr Pastor entgegen. Er sagte: »Ich habe Ihren Mann schon lange nicht mehr in der Kirche gesehen.« »Ach«, sagte ich, »sein Mantel ist so alt, da schämt er sich.« Da sagte der Herr Pastor: »Der Herrgott sieht doch nicht auf das Äußere, sondern er schaut auf das Innere.« Da sagte ich: »Ach, Herr Pastor, das Innenfutter vom Mantel ist ja auch ganz zerrissen.«

M. Powei: Hast du gehört: Unser Bürgermeister hat doch den Hausmeister rufen lassen und gesagt: »Wie ich hörte, sind Sie vergangene Nacht mit einer Schubkarre durch die Stadt gefahren, und das gefällt mir nicht.« Da sagte der Hausmeister: »Ich hab' mir keinen anderen Rat gewußt. Sie wollten so schnell wie möglich nach Hause, und ich konnte für Sie beim besten Willen kein Taxi auftreiben.«

M. Powei: Sag mal, ist dein Sohn noch in Amerika?

M. Linsegass: Nein, er ist jetzt, soviel ich weiß, in China. Er hat mir die letzte Karte von Sing-Sing geschrieben.

M. Powei: Unsere Uschi hat vielleicht einen schlauen Hund: Wenn du dem vier Mark gibst, geht er in den Supermarkt und kauft Zigaretten.

M. Linsegass: Das stimmt aber nicht. Ich hatte ihm heute acht Mark gegeben und habe keinen Hund und keine Zigaretten mehr gesehen.

M. Powei: Ich habe doch gesagt: vier Mark. Für acht Mark geht er ins Kino.

M. Linsegass: Mein Mann hat letzte Woche die Klobrille gestrichen, ohne mir etwas zu sagen. Ich setzte mich morgens wie immer auf das stille Örtchen, um meinen Roman weiterzulesen. Als ich aufstehen wollte, war ich angeklebt und kam nicht mehr los. Mein Mann hat gezogen und gezogen, aber ich kam nicht mehr von der Brille los. Da hat er die Brille abgeschraubt, eine Decke um mich gewickelt und ist mit mir zum Arzt. Ich sagte zu dem guten Mann: »Ihnen macht doch so ein Anblick sicher nichts aus, so was haben Sie doch schon öfter gesehen?« »Ja«, sagte er, »das schon, aber noch nie so schön eingerahmt.«

M. Linsegass: Deine Tochter hat doch jetzt Arbeit in Hamburg, hast du da denn keine Angst?

M. Powei: Zuerst schon, jetzt aber nicht mehr. Sie hat geschrieben, sie steht jetzt unter Polizeiaufsicht.

M. Linsegass: An Weihnachten schenkte mir mein Mann eine Schallplatte mit dem Titel: »Du kannst nicht treu sein«. Die würde so gut zu mir passen. Wir legten die Platte auf, die hatte einen Sprung, blieb hängen und spielte nur noch: »Du kannst nicht ... du kannst nicht ...« »Oh«, sagte mein Mann, »die muß ich umtauschen.« Da sagte ich: »Nein, die behalten wir, die paßt jetzt prima zu dir.«

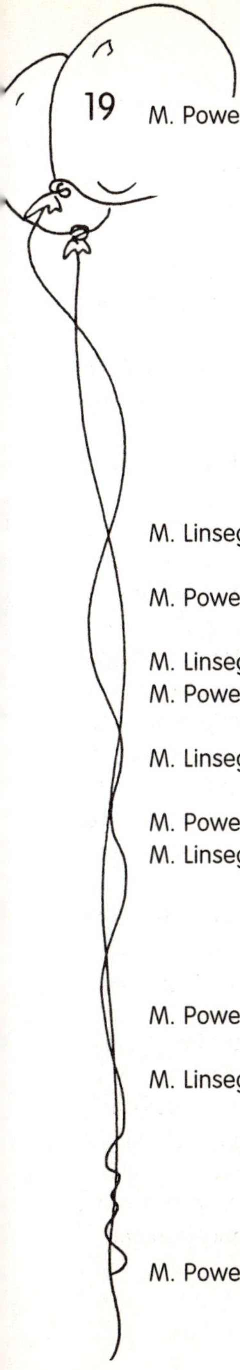

M. Powei: Neulich war mein Mann beim Doktor. Er hatte Rheuma in den Schultern. Da sagte der Arzt zu ihm: »Sie haben früher zu flott gelebt.« Da sagte mein Mann: »Aber nicht mit den Schultern.«
Um meinen Mann aufzumuntern, habe ich mir ein tolles schwarzes Nachthemd gekauft. Ich marschierte vor ihm im Wohnzimmer auf und ab. Er hatte gerade die Zeitung gelesen, auf einmal sah er mich von der Seite an und sagte: »Ist die Oma gestorben, weil du so schwarz angezogen bist?« Da denk' ich, jetzt geh' ich mal nackt an ihm vorbei. Da sagte er zu mir: »Du, das Nachthemd, das du da anhast, könntest du auch mal bügeln.«

M. Linsegass: Hier war neulich ein Konzert, da waren 100 Leute zu Tränen gerührt.

M. Powei: Das ist noch gar nichts. Wenn mein Mann sein Instrument bedient, legen Tausende ihre Arbeit nieder.

M. Linsegass: Was ist denn das für ein Instrument?

M. Powei: Der arbeitet bei Villeroy & Boch. Da bedient er die Werkssirene, wenn Feierabend ist.

M. Linsegass: Vorige Woche durfte ich eine Modenschau mitmachen. Ich habe den dritten Preis gewonnen.

M. Powei: Da hattest du aber Glück.

M. Linsegass: Ja, beim ersten Preis hat die Kapelle gespielt: Weiße Rosen aus Athen. Beim zweiten Preis spielten sie: Tulpen aus Amsterdam. Und beim dritten Preis, also bei mir, spielten sie: ... Oh, jetzt weiß ich den Titel gar nicht mehr.

M. Powei: Sicher haben sie da gespielt: Es steht ein Pferd auf dem Flur.

M. Linsegass: Neulich bin ich noch spät an der Linsegass vorbei, da ist mir ein Mann nachgelaufen und hat mich gefragt: »Fräulein, würden Sie um Hilfe rufen, wenn ich Ihnen den Reißverschluß von Ihrem Kleid aufmachen würde?« »Warum denn das?« hab' ich gefragt. »Der geht doch ganz leicht auf.«

M. Powei: Sag, neulich habe ich die Polizei bei euch gesehen. Was habt ihr denn wieder ausgefressen?

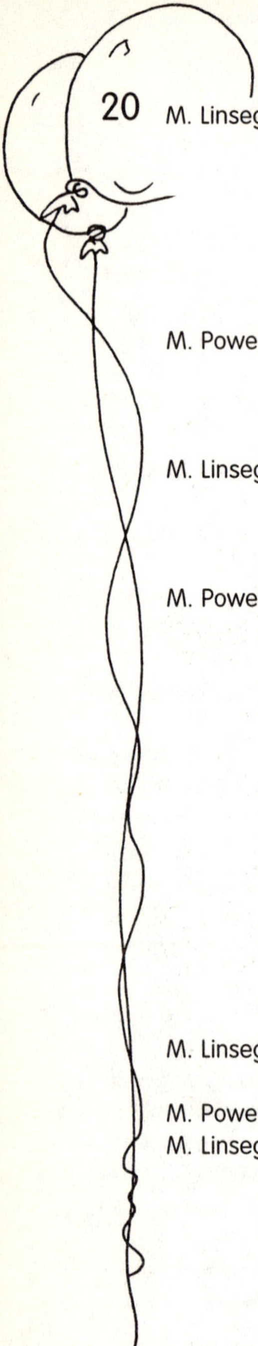

M. Linsegass: Denk dir, ich war mit meiner Tochter durch die Stadt gefahren. Und es war an dem Tag Sperrmüllabfuhr. Da seh ich einen tollen Mikrowellenherd am Straßenrand stehen. Den haben wir natürlich sofort eingeladen. Eine Stunde später klingelt die Poliezi und sagt: »Sie haben unsere Radarfalle mitgenommen, und die wollen wir sofort zurück.«

M. Powei: Wir waren am Donnerstag im Theater. Die hatten »Heinrich den Achten« auf dem Programm. Leider hatten sie nicht genug Schauspieler, da haben sie zweimal »Heinrich den Vierten« gespielt.

M. Linsegass: Da wollten wir auch rein, aber an der Kasse stand: pro Gramm zwei Mark fünfzig.
»O nein«, sagte mein Mann und guckte an mir runter, »die Sache wird mir zu teuer.«

M. Powei: Sag mal, unser Präsident hier vom Klub wollte doch immer mal in den Himmel. Als er oben ankam, sagte der Petrus: »Du willst hier in den Himmel? Du warst doch auf der Erde auch nicht immer der bravste und beste Mensch. Und deshalb muß ich dir auch eine Strafe geben.« Er winkte einem Wölkchen und sagte zu ihm: »Hier setzt du dich zusammen mit einer häßlichen Frau drauf und fährst von Stern zu Stern.« Der Präsident fährt los, und nach einiger Zeit sieht er den Bürgermeister mit einem hübschen jungen Mädchen. Er macht sofort kehrt, fährt zum Petrus und sagt: »Wieso hat denn der Bürgermeister dieses hübsche Ding bei sich?« Da sagt der Petrus: »Ja, auch Frauen müssen bei uns manchmal bestraft werden.«

M. Linsegass: So, jetzt machen wir Schluß, ich bin noch zu einer blechernen Hochzeit eingeladen.

M. Powei: Was ist denn das für eine Hochzeit?

M. Linsegass: 20 Jahre Mittagessen aus der Konservendose. Ich soll dich auch mitbringen.
Helau!

AUS DER SCHULE GEPLAUDERT

EIN GYMNASIALLEHRER

VON GERD HINDERS

Bei Lehrern gibt es solch' und solche,
und geht ihr Tun mir durch den Sinn,
freu' ich mich trotz so mancher Strolche,
daß ich davon ein solcher bin!

Ich wollte ja eigentlich gar kein Gymnasiallehrer werden. Die mich Prüfenden wollten das auch verhindern. Ich hatte nämlich selber auch nicht den Stein der Weisen wachsen gehört!
Das war damals so: Pubertät ist ja, wenn die Eltern anfangen, schwierig zu werden. Und eine Chance ist es, wenn man die Gelegenheit hat, einen Fehler zu wiederholen.
Als ich einmal sitzenblieb, kam beides zusammen: Die Eltern wurden noch schwieriger, und ich kriegte keine schulische Chance mehr. Da ich viel Sitzfleisch, aber wenig Stehvermögen hatte, mußte ich jetzt also wohl oder übel arbeiten.
Ich suchte mir zunächst einmal einen Nachhilfelehrer für meinen Vater. Denn seine Zensuren unter meinen Aufsätzen zeigten die ganze Unzulänglichkeit des heutigen Schulsystems.
Erfolg ist ja immer etwas SEIN, etwas SCHEIN und etwas SCHWEIN. Das Gemeine daran ist, man muß schon Schwein haben, aber das Schwein muß man vorher selber züchten!
Ja, denken müßte man können, aber womit?
Mein Klassenlehrer riet mir vor dem Abitur, doch Pianist zu werden, – weil ich von Tuten und Blasen keine Ahnung hatte. Ich war richtig frustriert und wollte zur Müllabfuhr, weil die ja nur donnerstags arbeiten. Ich dachte mir: Dann hast du auch schon eine gute Vorausbildung, wenn es mit dem Abitur wider Erwarten doch noch klappen sollte und du keinen Studienplatz kriegst.
Meine Mutter war schon ganz geknickt, weil sie das Hantieren mit Staubgefäßen nicht für standesgemäß hielt.
Ich sagte ihr zum Troste deshalb kühn: »Dann werde ich eben Polarforscher, und heute schon werde ich mich darauf vorbereiten!«

»Wie willst du das denn überhaupt machen, Junge?« fragte sie bange.
Ich antwortete: »Laß mich mal machen. Gib mir erst schon mal zwei Mark für Eis!«
Dann wurde ich aber selber etwas unsicher, weil ich mich ja immer so leicht erkältete, wenn ich kalte Füße kriegte.
Ich dachte mir: Du wirst entweder Optiker oder Jurist! Die haben immer zu tun! Denn nichts auf der Welt wird so oft gebrochen wie das Licht oder das Gesetz!
Oder du wirst Pastor oder Jurist, dann mußt du nur noch nachlesen, ob mehr geheiratet oder geschieden wird.
Aber ich neigte eigentlich mehr zu Pastor. Da braucht man nur einmal in der Woche zu arbeiten und zu predigen, und am Sonntagmorgen gibt es doch nichts Vernünftiges im Fernsehen!
Aber dafür braucht man Abitur!
Ich sagte mir deshalb in Anlehnung an Wilhelm Tell: »Durch diese letzte Klasse mußt du kommen. Es führt kein anderer Weg nach Küß mich!« Da habe ich es mit Hilfe und Wohlwollen der Lehrer dann noch gerade geschafft.
Aber nach dem Abitur mußte ich mit dem Numerus clausus kämpfen: Die nehmen ja nur Beschränkte!
Aber Gott ist mit die Doofen! Ich kriegte sogar eine sturmfreie Studentenbude. Sie lag günstig: eine Minute von meiner Stammkneipe, drei Minuten bis zu meiner Freundin, fünf Minuten bis zum Fußballplatz und eine Stunde bis zur Universität!
Ich habe sehr viel von der näheren Umgebung gesehen – und am Busen der Natur gelegen. Beim Schwänzen habe ich mich immer an das Wort unseres Religionspädagogen gehalten: »Man muß auch schon mal auf etwas verzichten können!«
Ja, mein Wissensdurst in flüssiger Form war größer als mein Bildungshunger.
Das zeigte sich auch bei der Abschlußprüfung: Ich hielt mich an Lohengrin: »Nie sollst du mich befragen!«, während meine Antworten bei den Prüfenden zur »Götterdämmerung« führten! Ich kam so gerade noch am »Fliegenden Holländer« vorbei. Ich wurde drei Tage nicht mehr nüchtern!
Der Markt für arbeitslose Pädagogen ist zwar weit und breit, aber:
Man soll nicht, selbst bei leeren Kassen,
die Lehrer Straßen kehren lassen!

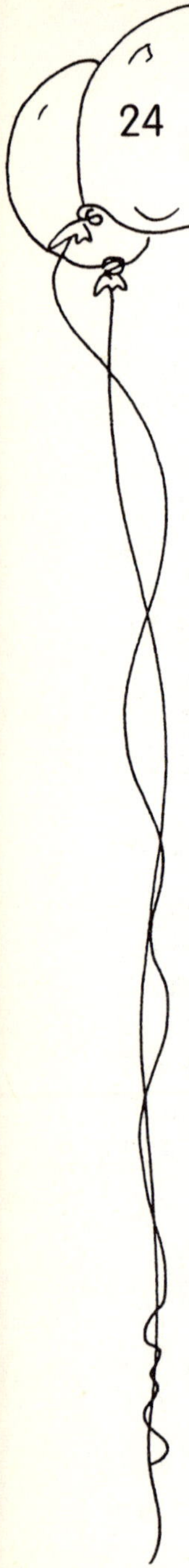

Vor allen Dingen wegen meiner hervorragenden Kenntnisse wurde ich dann probeweise doch noch als Fachlehrer angestellt. Ich war ein unberechenbarer Mathematiker und Spezialist für Sexualkunde!
Fachlehrer ist man dadurch, daß man morgens sein Fach leert und bei seinen wissensvermittelnden Gehversuchen Kopier- und Zetteldidaktik betreibt! Als Grundsatz gilt dabei: Kopiere, wem ein Kopiergerät gegeben!
Was du ererbst von deinen geistigen Vätern, kopier es, um es zu besitzen!
Eine Kopie kommt selten allein.
Kopieret eifrig, so verhindert ihr das Neue!
Wer keine eigenen Gedanken hat, soll wenigstens kopieren!
Wer nicht kommt zur rechten Zeit, der muß kopieren, was übrig bleibt!
Ja, so schlagen wir armen Lehrer uns durch die schweren und immer schneller werdenden Zeiten.
Die Verfügungen und Erlasse des Kultusministers und die sinnreichen Einfälle einer nicht ausgelasteten und sich langweilenden Schulverwaltung machen einen so schnell zum Realisten. Das heißt, man gewinnt den richtigen Abstand zu seinen Idealen:
Man muß auf Illusionen früh verzichten,
um sich auf Fakten zeitig einzurichten!
Aber es ist falsch zu sagen: Der Lehrer hat vormittags recht – und nachmittags frei! Für das Gegenteil sorgen heute schon die Schüler.
Die Lehrer schwanken nur zwischen Philosoph und Lebenskünstler.
Als Philosoph beschäftigen sie sich doch trotz allem meist mit dem Kern der Sache, als Lebenskünstler allerdings auch mit dem Fruchtfleisch:
Ja, es ist die Wahrheit und nicht fromme Lüge,
wir lieben unsre Arbeit, und wir schätzen die Bezüge!
Bescheidene Lehrer verzichten eben auf die Ehre und nehmen statt dessen Geld! Ganz nach dem Motto: Mehr sein als Scheine!
Und wer nichts taugt, ist trotzdem nicht unnütz: Er kann immer noch als schlechtes Beispiel dienen.
Im übrigen, halten Sie sich doch einmal vor Augen: Wenn ich täglich 18 Stunden schlafe, kann ich auch nur in den verbleibenden sechs Stunden Schaden anrichten:

Ich lag nur in der Hängematte,
wenn ich mal Geld in Menge hatte!

Aber das war noch nicht bis zu den Ministerien vorgedrungen:

Wer gut verdient, strengt sich nicht an,
und wer sich anstrengt, verdient nicht gut!

Was blieb mir also anderes übrig, als so zu denken und zu handeln:

Lerne geigen, ohne zu klagen! Und: Gut geklagt ist halb gewonnen!

Das Beamtengehalt heißt deshalb auch Ruhegehalt, und früh übt sich, wer ein Rentner werden will!

Aber soweit war es noch lange nicht.

Erst mußte ich einmal fest angestellt werden, mich bewähren und das zweite Staatsexamen machen. In meiner Beurteilung durch den Direktor stand unter anderem:

Arbeitsleistung: Reißt keinen vom Hocker; reißt vor der Arbeit aus!

Belastbarkeit: Erledigt alles gleichzeitig; erledigt ist er schnell!

Kommunikationsfähigkeit: Spricht mit Gott und Ebenbürtigen; spricht guten Getränken zu!

Geistige Fähigkeiten: Löst gern Kreuzworträtsel, und löst Probleme aus!

Wissen: Weiß alles am besten; weiß, wann Feierabend ist, und weiß, wo gerade gefeiert wird!

Verhalten gegenüber Vorgesetzten: Vorgesetzte macht er überflüssig und nimmt ihnen den reservierten Parkplatz weg!

Verhalten gegenüber Kollegen: Kollegen grüßt er korrekt mit: »Mahlzeit«, Kollegen mag er weniger als Kolleginnen!

Es ist klar, daß ich bei dieser Beurteilung mit Glanz und Gloria die Prüfung bestand. Als Ergebnis der Lehrprobe stand schon bald, gemäß Johannes, Kapitel zehn, Vers sechs, fest: »Sie verstanden nicht, was er ihnen sagen wollte.«

Jesaja, Kapitel 55, Vers acht: »Seine Gedanken waren nicht ihre Gedanken.«

Und als Fazit für die Prüfungskommission: Geheime Offenbarung, Kapitel eins, Vers 15: »Selig, wer dabei wach bleibt!«

Nach solcher Leistung wurde ich selbstverständlich auf Lebenszeit angestellt und verbeamtet.

Seitdem habe ich als Beamter viel mit einem Astronauten gemeinsam und unterscheide mich doch grundlegend von ihm:

Wenn wir unten sind und machen einen Fehler, dann kommen wir nie

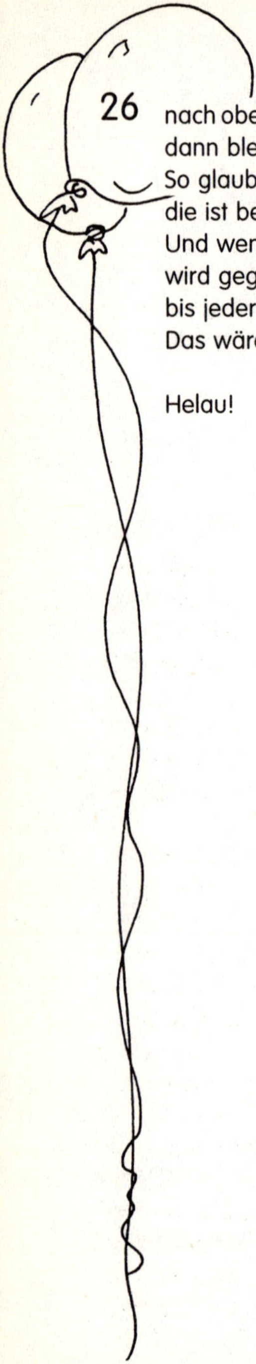

nach oben! Sind wir aber erst einmal oben und machen einen Fehler, dann bleiben wir, wo wir sind, und kommen nie wieder runter!

So glaubt mir, eure kluge Brut,
die ist bei mir in guter Hut.
Und wenn einander wir gewogen,
wird gegenseitig auch erzogen,
bis jeder es zu was gebracht:
Das wäre wirklich doch gelacht!

Helau!

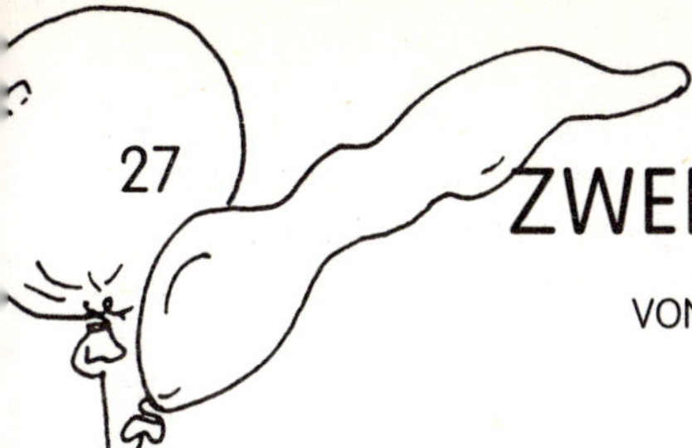

ZWEI SCHÜLER

VON GERD HINDERS

Jan: Ich bin der Jan, der Lehrer Schrecken,
im Fragen groß und Streichaushecken.

Ferdinand: Ich bin sein Freund, der Ferdinand,
der ihm dabei zur Seite stand.

Jan: Wie uns die Großen manchmal plagen,
woll'n seufzend wir euch jetzt mal sagen.

Ferdinand: Doch sagen wir es mit Humor,
leiht lernend draus uns euer Ohr!

Jan: Nur weil es unserem Lehrer mal wieder nicht reichte, was wir in der Erdkundestunde wußten, rief er ärgerlich: »Wer sich selber für doof hält, soll einmal aufstehen!« Aber es stand keiner auf, und lange Zeit blieb es still. Schließlich erhob sich unser Klassenbester. »Warum stehst denn ausgerechnet du auf?« wollte er wissen. Unser Primus antwortete: »Wissen Sie, Herr Lehrer, ich konnte es einfach nicht mehr mit ansehen, wie Sie so alleine dastanden!«

Ferdinand: Ja, ja! Nie kann man es ihnen recht machen, wenn man nicht gleich alles weiß oder das sagt, was sie sich dachten. Immer haben sie was zu beanstanden. Als ich in der Deutschstunde ein Gedicht vorlas, meinte der Lehrer: »Kannst du es nicht mit etwas mehr Nachdruck lesen?« Ich antwortete: »Aber im Buch steht doch: Nachdruck verboten!«

Jan: Ich weiß überhaupt nicht, warum wir lesen lernen müssen.

Ferdinand: Das ist doch klar: Damit wir was zu tun haben, wenn der Fernseher einmal streikt!

Jan: Gut, aber schreiben lernen sollen wir auch noch! Und selbst da bekommen wir Schwierigkeiten! Meine Mutter sagte: »Ich habe ja nichts dagegen, daß du im Staub auf den Möbeln schreiben übst, aber das Datum läßt du bitte weg!«

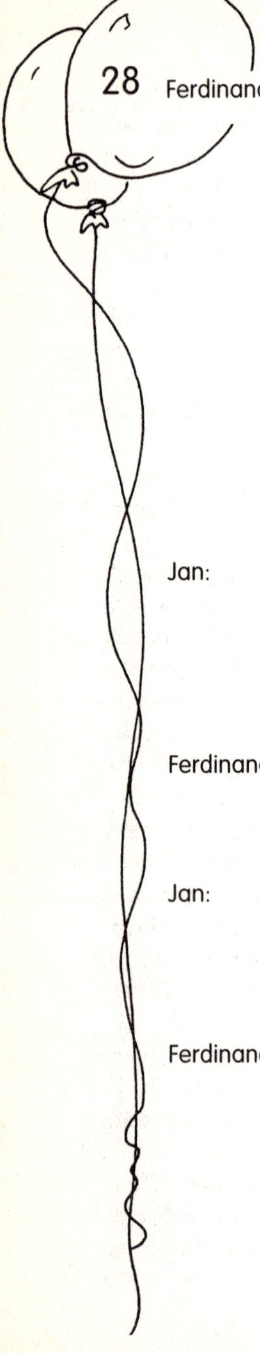

Ferdinand: Habt ihr auch Mathematik? Eine Aufgabe lautete: Wenn ein Mann in einer Stunde fünf Kilometer geht, wie lange braucht er dann für 82 Kilometer? Der Lehrer wollte meine Antwort am kommenden Tag wissen. Ich mußte ihn enttäuschen: »Tut mir leid, Herr Lehrer«, sagte ich, »aber mein Vater ist immer noch unterwegs!«
Es kommt ja immer darauf an, daß die Aufgaben lebensnah gestellt sind. Unser Lehrer hat es mit den Entfernungen und dem Marschieren. Er sagte: »Nehmen wir einmal an, dein Vater geht von der Ortschaft A in die Ortschaft B. Dabei legt er in einer Stunde eine Strecke von acht Kilometern zurück. Dein Onkel geht von B nach A in 50 Minuten. Wo treffen die beiden sich?« Die Aufgabe konnte ich ihm schnell beantworten: »Bestimmt in der nächsten Wirtschaft!«

Jan: Unsere Lehrerin gibt auch Biologie. Sie wollte wissen: »Wer kann mir ein Beispiel dafür nennen, daß der menschliche Körper sehr anpassungsfähig ist?« Da konnte ich wieder glänzen: »Ich, Fräulein! Meine Tante hat 50 Pfund zugenommen – und ist dabei nicht geplatzt!«

Ferdinand: Wir waren mit unserem Lehrer in Bio auch mal im Zoo. Am Leopardenkäfig stand ein Schild: Frisch gestrichen! Ich entrüstete mich: Ich dachte nämlich, die Flecken wären echt!

Jan: Bei uns ist es immer so: Wenn die Lehrer etwas nicht wissen, dann fragen sie uns! Zum Beispiel: »Wie hieß der letzte deutsche Kaiser?« fragte uns der Geschichtslehrer. Das wußten sogar die Mädchen in der Klasse: »Franz Beckenbauer!« sprudelten sie heraus.

Ferdinand: Ach, unser Lehrer versteht es auch einfach nicht, daß wir uns mehr für Fußball interessieren als für seinen langweiligen Wissenschaftskram. Er sagte: »Nenne mir drei berühmte Deutsche mit dem Anfangsbuchstaben B.« Ich antwortete: »Beckenbauer, Breitner und Bonhof.« Er schüttelte unwirsch den Kopf: »Hast du nie etwas von Bach, Brahms oder Beethoven gehört?« Ich entgegnete: »Nein, Ersatzspieler interessieren mich nicht!«

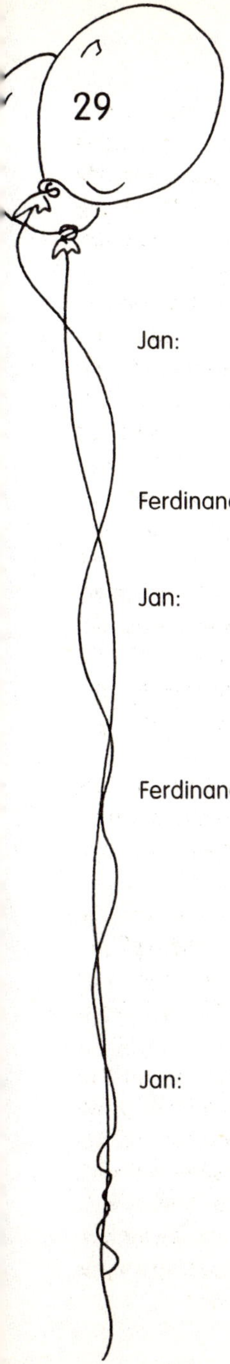

Aber wir können nicht immer Fußball spielen! Als ich letzthin bei Regenwetter mit sieben Freunden zu uns nach Hause kam, kriegte meine Mutter einen Schreck und fragte argwöhnisch: »Was ist denn los mit euch?« Ich erklärte ihr: »Tut mir leid, Mutter, wir müssen heute bei uns im Haus spielen. Franks Mutter sind die Beruhigungstabletten ausgegangen!«

Jan: Mein Vater will mich immer belehren und das an mir nachholen, was die Lehrer versäumten oder nicht an mich drankriegen konnten. Aber ich laß mir nicht mehr von ihm bei den Hausaufgaben helfen. Ich habe gerade genug Ärger in der Schule!

Ferdinand: Ja, und ich habe meiner Mutter auch gesagt, sie soll sich nicht immer auf der Straße von meinem Lehrer ansprechen und Empfehlungen geben lassen.

Jan: Alles wissen die Eltern aber auch nicht! Wie die Lehrer! Ich hab' jetzt angefangen, sie einiges zu fragen. Ich wollte zum Beispiel von meinem Vater wissen: »Kannst du mir sagen, weshalb es in Amerika eine andere Uhrzeit gibt als bei uns?« Er wußte es nicht. Ich konnte es ihm aber erklären: »Weil Amerika ja später entdeckt worden ist!«

Ferdinand: Und ich habe meine Mutter verlegen gemacht. Ich fragte: »Du, Mama, zu jedem Kind gehört doch ein Vater!« »Natürlich, mein Schatz.« Ich folgerte: »Wir sind doch fünf Kinder. Wo sind denn die vier anderen Väter?«
Darauf wollte sie mir aber nicht antworten. Sie sagte stattdessen: »Marsch, sofort ins Bett mit dir!« Ich schmollte: »Warum muß ich denn immer so früh ins Bett?« Sie sagte: »Weil du für manche Dinge noch zu klein bist!« Ich fragte: »Glaubst du denn, ich wachse im Bett schneller?«

Jan: Mein Vater hat anscheinend in der Schule auch nicht immer aufgepaßt. Er wußte noch nicht mal, daß die Schnittmenge zweier Leermengen Null ist und trotzdem eine Menge bleibt! Er wollte aber klug vor mir erscheinen und sagte: »Sieh doch mal dort oben!«, und er wies auf den Sternenhimmel, »dort ist der große Wagen!« Ich fragte interessiert: »Prima, Papa, welches Baujahr?« Aber er wußte selbst das nicht!

Ferdinand: Auch meine Mutter wollte mich auf das Geschehen in der Natur aufmerksam machen. Als wir im Wald spazierengingen, röhrte ein Hirsch. Ich fragte: »Mama, was ist das?« Sie antwortete: »Das ist ein Hirsch, der ruft seine Frau!« Ich wollte wissen: »Hat Vater bei dir auch so gebrüllt?«

Jan: Ach, meine Eltern haben einen richtigen Reinheitsfimmel. Immer soll ich mich waschen! Als ich letzthin mit meinen vier Brüdern vom Fußballspielen kam, befahl der Vater: »So, Jungs, jetzt geht ihr erst mal ins Badezimmer und wascht euch! Ihr seht ja aus wie die Neger!« Ich wandte ein: »Das macht nichts, wir erkennen uns ja an den Stimmen!«

Aber mein Vater geht auch nicht immer selbst mit gutem Beispiel voran. Als ich letzthin mit ihm im Hallenbad war, sagte ich zu ihm: »Mein Gott, was hast du für schmutzige Füße!« Er meinte: »Nun ja, bedenke, die sind ja auch 30 Jahre älter als deine!«

Ferdinand: Ich wasche mich auch nicht gern so oft! Vor allen Dingen, wenn man dabei naß wird.

Neulich wollte mein Vater ein Familienbild machen. Davor sollten wir Jungens uns unbedingt waschen. Ich sagte: »Vater, das ist doch gar nicht nötig! Du hast doch sowieso nur einen Schwarzweißfilm im Apparat!«

Jan: Taschengeld kriege ich auch viel zu wenig! Für meine eigenen Bedürfnisse muß ich mir immer noch selber etwas hinzuverdienen. Dabei sind wir doch der Eltern ganzer Reichtum! Was wären sie ohne uns? Noch nicht mal Vater und Mutter! Was müßten die ohne uns an Miete bezahlen? Sie kämen in eine ungünstigere Steuerklasse! Deshalb müßten wir eigentlich das Kindergeld kriegen! Das kriegen aber die – und wir kriegen die Schläge! Und warum? Gestern hat mich Papa verhauen, und da ist die Hose geplatzt. Und heute hat mich Mama verhauen wegen der kaputten Hose! Dabei hatte ich doch nur Papas Zigaretten versteckt, um ein paar neue Flüche zu lernen!

Ferdinand: In meiner Geldnot habe ich jetzt einen Kredit von zehn Mark bei meinem Vater aufgenommen.

Jan: Mensch, bist zu verrückt!? Wie willst du das überhaupt zurückzahlen?

Ferdinand: Das ist ganz einfach! Ich sagte zu Vater: »Von deinen zehn Mark leihe ich dir fünf Mark. Dann schuldest du mir fünf Mark, und ich schulde dir fünf Mark. Und damit sind wir quitt!«

Jan: Mann, o Mann! Mit dir möchte ich auch mal Geschäfte machen! Paß auf: Du kriegst von mir zehn Mark, wenn ich auf deinem Kopf drei Eier zerschlagen darf!

Ferdinand: Ehrenwort?

Jan: Ehrenwort! Hahahaha! Bist du doof! Ich zerschlage dir jetzt zwei Eier auf dem Kopf. Zuck' nicht so!

Ferdinand: Ja und! Wann kommt endlich das dritte Ei???

Jan: Ich bin doch nicht doof! Das würde mich ja zehn Mark kosten!

Ferdinand: Du hast mich reingelegt! Aber ich habe mir vor kurzem eine Mark auf ehrliche Art und Weise verdient. Als der Installateur letzthin mit einem glühenden Lötkolben an der kaputten Wasserleitung arbeitete, habe ich zu ihm gesagt: »Wenn Sie mir eine Mark geben, lecke ich mal dran!«
»Junge, Junge«, sagte der Installateur, »das probier mal! Hier hast du eine Mark!«
Da hab' ich an der Mark geleckt und bin ganz schnell verschwunden!

Jan: Ach ja, wir Jungens haben es schwer! Manchmal möchte ich schon erwachsen sein! Dafür würde ich mich dann sogar freiwillig waschen!
Aber heutzutage immer dieses »du mußt, du sollst, du darfst nicht«!
Meine Eltern sagen zum Beispiel immer: »Steh auf, iß nicht so hastig, wasch dir den Hals, putz deine Schuhe, beeil dich, vergiß das Pausenbrot nicht, gib mir einen Kuß zum Abschied!«

Ferdinand: O Gott, o Gott! Bei euch auch!?
Meine sagen immer: »Streite nicht mit deiner Schwester, knall die Tür nicht zu, stell das Radio leiser, gib keine Widerworte, wenn ich was sage, und tu es sofort!« Dabei streiten die sich den ganzen Tag!!

Und dann muß ich alle schnurrbartbewehrten Tanten abküssen ... Und immer muß ich gerade dann ins Bett, wenn es im Fernsehen am interessantesten wird!

Jan: Sind wir erst alle mal im Bett,
ist jeder froh und wir sind »nett«.

Ferdinand: Doch kommt zum Durchbruch die Natur,
fragt alles: »Wovon hat er's nur?«

Jan: Allein, ohn' eure, unsre Sorgen,
wär's schlecht bestellt auch um das Morgen.

Ferdinand: Beliebt, berüchtigt und bekannt
grüßen drum euch Jan und Ferdinand!

Helau!

WOMIT MAN AUCH SEIN GELD VERDIENEN KANN

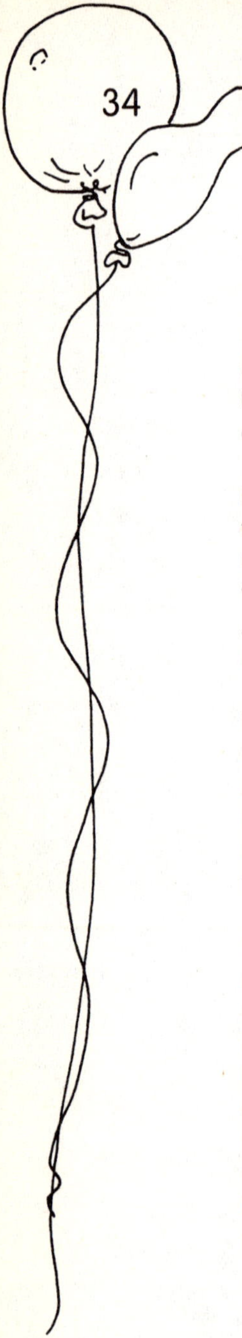

DER VERSICHERUNGS-VERTRETER

VON RÜDIGER BRANITZKI

Meine Damen und Herren, es ist uns gelungen
zu reformieren die Versicherungen.
Darum aufgepaßt, denn ich mache Sie froh –
durch unsere Firma Brani und Co.!

Denn ich bin überzeugt, ihr zahlt schon seit Jahren
für Versicherungen Geld, das könnt ihr jetzt sparen!
Und jeder von euch hat dann am Ende
viel Zaster, den er uns geben könnte.
Also werden Sie Partner, ob so oder so,
bei unsrer Versicherung Brani und Co.!

Wir zahlen neben verlorenen Brillen
auch geplatzte Verhüter, Hängebusen vom Stillen,
zuviel Regen im Urlaub oder Sonnenschein,
in unsre Versicherung fällt alles hinein.
Damit man sich was drunter vorstellen kann,
führe ich jetzt einige Beispiele an:

Kommst du vom fröhlichen Zechen nach Haus,
das Nudelholz kracht und ein Zahn fällt heraus,
so nimm es hin ganz unverdrossen,
denn du hast 'nen Vertrag dafür abgeschlossen!
Halt das Kinn noch mal hin und bleibe stark,
ein totaler Steinbruch bringt dir zwölfhundert Mark!
Geht dir dabei auch noch die Brille flöten,
dann pfeif darauf, wir zahlen die Kröten.
Die Schmerzen hast du ja sowieso –
nur in diesem Fall zahlt an dich Brani und Co.!

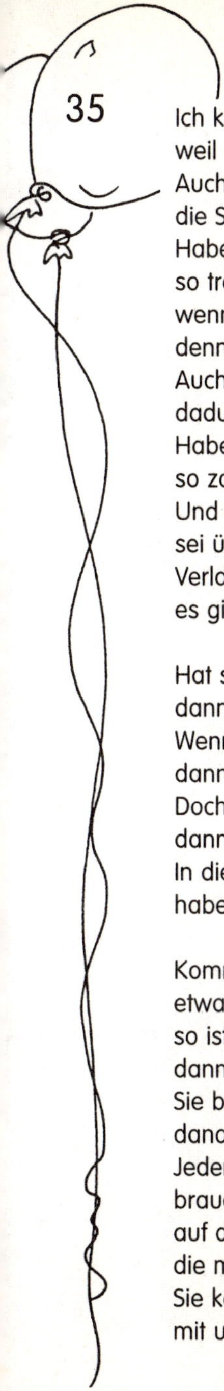

Ich kenne Leute, die morgens oft rennen,
weil sie den Wecker meist verpennen.
Auch dafür gibt's für alt und jung
die Schlafmützen-Zusatz-Versicherung.
Haben sie Frühdienst und werd'n mittags erst wach,
so tragen sie ihrem Chef das nicht nach,
wenn er sie nennt eine Schlaftablette –
denn es gibt ja uns, unsre Firma, die nette!
Auch wenn jetzt im Saal so mancher grient,
dadurch haben sie zweihundert Mark schon verdient!
Haben sie mehr als dreimal verschlafen,
so zahlen wir ihnen fünfhundert, wir braven.
Und kommt dir der Blaubrief mal ins Haus,
sei überglücklich, und mach dir nix draus!
Verlaß dein Büro, sei glücklich und froh –
es gibt ja elfhundert von Brani und Co.!

Hat sich ihr Hund mal den Wolf gelaufen,
dann keinesfalls Medikamente kaufen!
Wenn das Kerlchen humpelt und jammert stark,
dann zahlen wir sofort zweihundert Mark.
Doch kommen sie zu uns und Waldi auf Krücken,
dann müssen wir gleich siebenhundert rausrücken.
In diesem Fall freut's den Hund ebenso,
haben sie die Police von Brani und Co.!

Kommt man vom Doktor, und der laberte lose
etwas von drohender Leberzirrhose,
so ist das kein Grund, um in Panik zu fallen –
dann lassen sie froh einen Jauchzer erschallen.
Sie brauchen das Datum nur festzuhalten,
danach können sie fröhlich sich entfalten.
Jeder Penner, jede versoffene Vettel
braucht für die Zukunft nur noch einen Zettel,
auf dem man die Drinks sich ständig notiert,
die man am Tag so inhaliert.
Sie könn' uns nicht neppen, wir stell'n alles fest
mit unsrem Spezial-Leber-Härtetest.

Bei Bier, Likör, Sekt, Schnaps und Wein
ist Ihre Gewinnspanne noch etwas klein,
denn am allermeisten langt man hin
mit Brennspiritus und Waschbenzin!
Dafür erhält man acht Mark pro Gläschen,
500 gibt's dann für blaurote Näschen.
Und kommt man später dann nie mehr ins Büro,
so kassieren die Erben bei Brani und Co.!

Habt ihr wie ich ebenso schwache Blasen
und müßt wie die Irren zum Abbe oft rasen?
Dann macht euch nix draus, nicht mehr kneifen und stöhnen!
Unsre Blasen-Versicherung tut alles euch löhnen.
Es ist ratsam, den ersten Druck abzuwehren,
danach kann man erlöst in die Hose entleeren.
Bei uns versichert heißt nie wieder Qualen,
nie mehr schlangesteh'n an Urinalen!
Man spart dadurch auch den Umweg zum Klo,
die Hose und Schmerzensgeld zahlt Brani und Co.!

Viele Leute wissen seit Jahren,
im Tierpark lauern die größten Gefahren.
Im Raubtierhaus – sie brauchen nicht lachen –
können sie mächtig viel Kohle machen.
Denn bei uns versichert – und das find' ich stark –
ein verlorener Finger bringt siebenhundert Mark.
Behält gar der Löwe im Käfig ihr Bein,
dann bringt das pro Monat 'nen braunen Schein.
Doch wenn drei Leute reingeh'n und zwei kommen zurück,
so sein sie nicht traurig – sie hatten ja Glück!
Sie können jetzt oft einen nehmen zur Brust –
fünfzehntausend gibt's bei totalem Verlust!
Drum gehen sie ruhig mit Opa zum Zoo –
Sie sind ja versichert bei Brani und Co.!

Wir tun als die Mülltonne überschwemmen
mit Haaren, die morgens wir uns auskämmen.
Die verlorenen Früchte aus deiner Perücke,
die tauschen wir um in Zehnpfennigstücke!

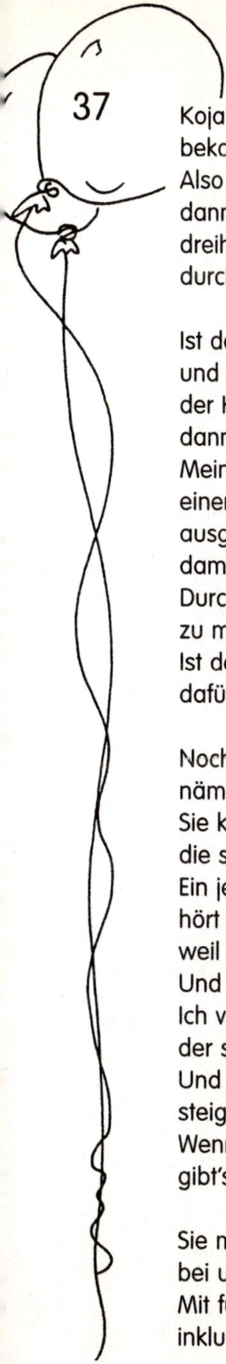

Kojak wurde durch uns zum Millionär –
bekanntlich wächst dem überhaupt nix mehr.
Also tanzen sie später mal an mit 'ner Platte,
dann erhalten sie von uns sogleich satte
dreihunderttausend so oder so
durch einen Vertrag mit Brani und Co.!

Ist der Geist nur noch stark, alles andere schwach,
und mit Mutti gibt's dadurch Familienkrach –
der Hormonhaushalt also kommt nicht mehr in Schwung,
dann hilft unsre Schlappschwanz-Versicherung.
Meine Firma legt ihnen, das finde ich nett,
einen Versicherungsvertreter ins Ehebett,
ausgerüstet mit Stoppuhr und Potenziometer,
damit auf die Kosten kommt ein jeder.
Durch 'nen Zusatzvertrag kann dieser auch jeden
zu müden Ehegatten vertreten.
Ist der eheliche Zweikampf also nur leeres Stroh –
dafür entschädigt sie Brani und Co.!

Noch eins, ich hoffe, das bringt sie in Schwung –
nämlich unsre Geisterfahrer-Versicherung.
Sie können getrost Schilder ignorieren,
die ständig die Gegenfahrbahn markieren!
Ein jedes Schimpfwort, wie Heini und Blödmann,
hört sich für sie dadurch nicht mehr so öd an,
weil sie kassieren von uns zwanzig Mark.
Und kommt es zum Unfall – wir zahlen den Sarg!
Ich verspreche ihnen, ein jeder Crash
der sichert ihnen zehntausend cash.
Und ist dann auch noch Polizei mit drin,
steigert dies ebenfalls ihren Reingewinn.
Wenn sie dazu liefern ein Video,
gibt's 'nen Sonderbonus, sie wissen ja, wo!

Sie müssen nicht sehr viel Beiträge bewegen
bei unsern Nichtschwimmer-Sonderverträgen!
Mit fünfhundert Mark, da haben sie glatt
inklusiv den Schwiegermutter-Rabatt!

Damit sie den Sinn jetzt besser begreifen –
zum Erlernen gibt's extra defekte Reifen.
Mit denen und Schwiegermama, der guten,
geht es nun ab in die Meeresfluten.
Jetzt können Sie glücklich sein und froh,
denn das Schmuckstück macht sehr schnell Besuch bei Cousteau.
Die Nachkommenschaft kriegt ganz ohne Palaver
zwanzigtausend für jeden blauen Kadaver!
Sie gehen von dannen mit frohem Hallo
sowie barer Münze von Brani und Co.!

Jetzt 'ne andere Sache, ihr braucht nicht zu kichern!
Wir tun auch verlorene Stimmen versichern!
Selbst wenn sie nur krächzen – marsch, in den Chor!
Wir blättern auch dafür die Scheinchen vor.
Denn fehlt dir die Stimme, so sei darum froh,
weil auch dieses versichert Brani und Co.!

Wenn ein Sänger zur Singstund' oft Pausen einlegt
sowie seinen Mund nur zum Playback bewegt –
ihm also jedwede Stimme fehlt
und sich seinem Schlund nur Gebrummel entquält –
wenn ihm also soviel schönes ward beschert,
das ist einen Vertrag mit Brani wert!
Für jeden erdenklich falschen Ton
erhält er von uns gleich zwei Mark als Lohn!
Wird durch ihn das Lied gar unterbrochen,
dann gibt es zehn Mark, das ist versprochen!
Wenn durch seine Leistung beim Wettstreit dann
man den Chorleiter in Zwangsjacke wegbringen kann,
mit anderen Worten – ein größ'res Malheur –
zahlt Brani dem Vorstand neunhundert und mehr.

Sie müssen wissen, wir schließen Verträge
selbst mit der größten Nervensäge!
Wo seid ihr, ihr Wirtshauskrakeeler, wo?
Auf euch wartet als Partner Brani und Co!

Verlorene Stimmen, immerhin.
Doch Wählerstimmen sind nicht mehr mit drin!
Wir konnten schon ziemlich oft observieren,
daß manche in Massen die Stimmen verlieren.
Deshalb sind wir davon abgewichen
und haben Politiker-Verträge gestrichen.
Ich denk' mir, die haben ganz unverfroren
mit Absicht bei Wahlen die Stimmen verloren
und waren am Ende darüber noch froh –
wenn sie konnten kassieren bei Brani und Co!

Ich hoff' jetzt, ich hab' euch mit Bedacht
unsre Versicherung schmackhaft gemacht!
Laßt euch also nicht verdriessen,
bei mir Verträge abzuschließen!
Als erstes langt für diesen Zweck
ein unterschriebner Blankoscheck.
Dazu ein Umschlag mit Rückporto –
und schon seid ihr Kunde bei Brani und Co!

Helau!!!

DER VERTRETER

VON MICHAEL ADAM

Es bebt die Bütt, denn jetzt geht's los,
gleich wird die Fastnacht ganz famos.
Denn alleweil, ihr Narrenschar,
leg' ich als Büttendepp euch dar,
was als Vertreter ich erleb',
wie ich an jeder Hausfrau kleb'.

Mal komme ich mit Wein ganz bieder,
dann and'rerseits mit scharfem Mieder
steh' ich den Leuten auf dem Schuh
und gebe solang' keine Ruh',
bis die den ganzen Ramsch genommen –
ansonsten muß ich wiederkommen!
Wenn das nicht klappt, dann werd' ich harsch
und blase den Narrhallamarsch
und schlage kräftig laut Radau,
bis dreimal dann es heißt: Helau!

Vertreter gibt es, ohne Frage,
für beinah' jede Lebenslage.
Wenn's regnet, hagelt oder schneit,
ist ein Vertreter gar nicht weit
und tut mit 'ner Police winken,
steht auf der Matte, putzt die Klinken,
preist dir Geschirr an, Pfannen, Töpfe,
verkauft dir Strümpfe, Strapse, Knöpfe,
'ne Unterhos' mit Eierbecher,
ein Spitzer für den Kupferstecher,
Kondome, bunt, in jeder Größe,
mit Kirschgeschmack und luxuriöse,
die passen jedem Matador,
das führt er bei Bedarf auch vor.

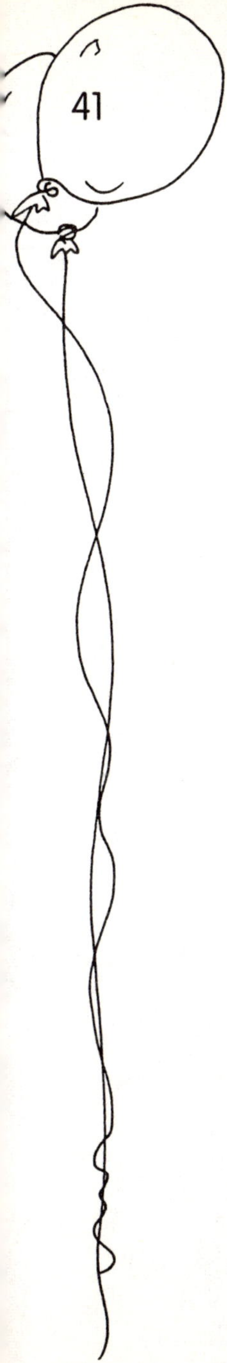

Pepitahütchen, Seife, Kamm,
das dreht euch der Vertreter an.
Und selbst dem Papst, das ist doch nett,
verkauft er noch ein Doppelbett!

Auch ich bin solch ein edler Mann
und preise meine Waren an,
klopf' an die Türen, fahr' umher,
verkaufe dies und das und mehr.

Erst neulich, das ist nicht zum Lachen,
da reist' ich in Versich'rungssachen
und sag zu einem Kunden nur,
der ziemlich bockig war und stur:
»Zur Zeit, da kann man, wie ich mein',
nicht hoch genug versichert sein!«

Da knurrt er los, er hätt' 'nen Haufen
Versicherungspolicen laufen ...
Ich sag: »Mein Lieber, denk genau,
zum Beispiel mal an deine Frau,
im Falle, daß dein Tod tritt ein,
muß sie doch abgesichert sein.«

Da brüllt er los und hebt die Pranken:
»Mach' dir mal keinerlei Gedanken!
Tot bin ich«, lacht er unanständig,
»schon jetzt viel mehr wert als lebendig!«

Ich bin ja wirklich unerschrocken
seit einem Jahr schon auf den Socken
und grase im Vertretertrab
das Grüne-Witwen-Viertel ab.
Da fragt mich neulich ein Kollege,
was ich dort zu vertreten pflege.
Ich sag: »Erst tat ich bei den Frauen
Geschirr und Porzellan aufbauen,
doch heut' vertret' ich, spitz die Ohren,
drei Ärzte und zwei Direktoren.«

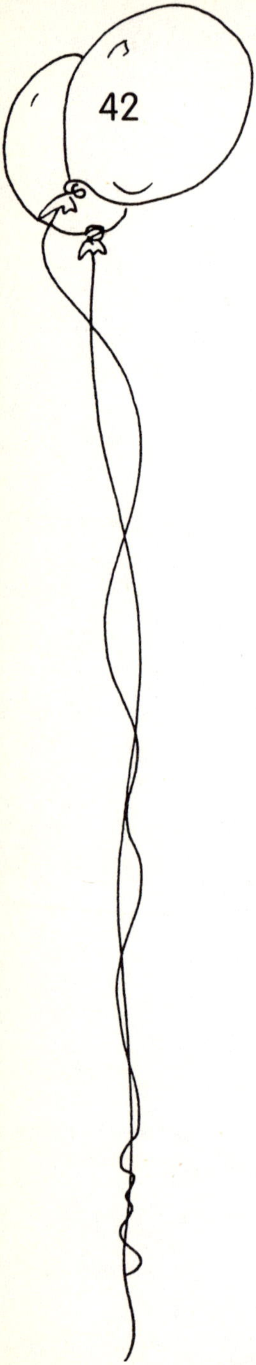

Vertreter müssen, was ich preise,
gelegentlich auf Auslandsreise.
Erst unlängst, als mein Chef mich ließ,
war ich drei Tage in Paris.
Montmatre hoch, die Nacht war lau,
da treff' ich plötzlich eine Frau,
ein Traum von einem Superweib,
mit scharfen Kurven auf dem Leib.
Mich trifft der Schlag, ich steh' am Fleck,
mit einem Wort: Ich war ganz weg.

Obwohl ich kein Französisch kann,
da lacht mich diese Kleine an.
Ich war begeistert und beglückt,
hab' mein Notizbuch gleich gezückt
und mal' ein Auto auf ein Blatt.
Die Süße strahlt – und ich war platt.
Wir also rein ins Taxi, los,
und fahren durch Paris ganz groß.
Dann mal' ich einen Tisch mit Wein,
das find' die Süße superfein,
sie tut mich an ihr Herzchen pressen,
dann geh'n wir sündhaft teuer essen
und sind schon im Champagnerrausch,
da malt die Süße plötzlich auf
ein wunderschönes Himmelbett.

Das fand ich aber gar nicht nett,
bis heute frag' ich mich mit Fleiß,
woher die heiße Schnalle weiß,
daß ich seit Jahr'n und weiterhin
Vertreter für so Betten bin!

Vertreter sind, und das steht fest,
stets der Versuchung ausgesetzt.
Erst neulich balzt in einer Tür
'ne wunderschöne Frau vor mir.

»Der Kundendienst«, so leg' ich los,
»von uns ist Spitze und famos ...«
Da flüstert sie: »Komm' später rein,
erst muß mein Mann gegangen sein.«

Ein and'res Mal, es war kaum besser,
lockt mich so'n Weibchen, scharf wie'n Messer,
in Richtung Couch zieht mich die Kleine,
ich wink' nur müde ab und meine:
»Gnä' Frau, was Sie jetzt wollen hier,
hab' ich g'rad dreimal hinter mir!«

Ganz anders war's im Nachbarhaus,
da kam 'ne ält're Dame raus.
Ein billig' Schlafsack, sag' ich ihr,
könnt' sie erwerben gleich bei mir.
Da winkt sie ab und sagt alsdann:
»Seit zwölf Jahr'n hab' ich den als Mann!«

Ein Wohnblock weiter, das war groß,
zog ich mit Haushaltswaren los.
Da sagt die Hausfrau kenntnisvoll:
»Die Preise sind ja wirklich toll!
Wie können Sie an den Maschinen
denn überhaupt noch was verdienen?«
Ich lach' sie an und sage nur:
»Verdient wird an der Rep'ratur!«

In einem ander'n schönen Fall
frag' ich 'ne Hausfrau sehr frontal,
ob sie für ihr Geschirr privat
auch schon 'ne Spülmaschine hat?
Da lacht sie mich nur spöttisch an:
»Das brauch' ich nicht – ich hab' mein' Mann!«

Vertreter leben wirklich hart,
zum Glück bin ich da akkurat.
Bloß einmal, da hatt's mich geschmissen,
das war – das müßt ihr wirklich wissen,

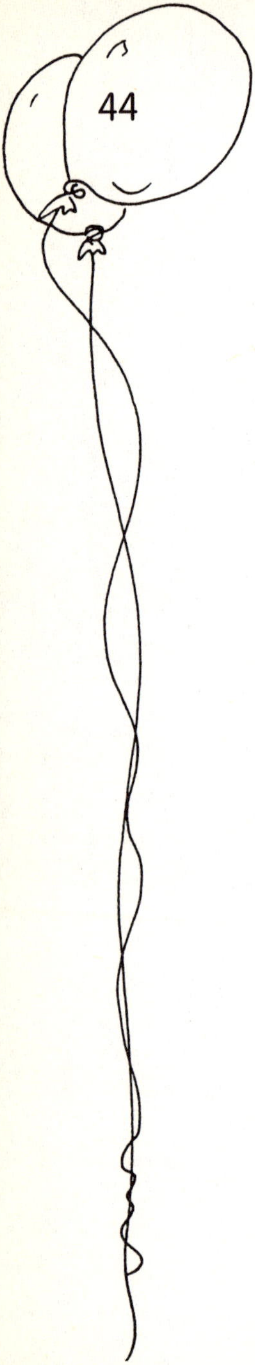

in einem Haus tief drin im Wald,
wo's einsam ist und still und kalt.
Da war ich an der Hausfrau dran
und pries die Staubsauger ihr an:
»Mein Sauger lutscht von jedem Fleck
den allerletzten Krümel weg«,
sag' ich und schütte vor sie hin
ein Beutel Dreck mit allem drin,
mit Staub und Steinchen, Laub und Sand,
und sage ihr dann ganz prägnant:
»Mein Sauger kriegt das alles weg –
ansonsten (fr)esse ich den Dreck!«

Da guckt sie, schmunzelt, läuft zur Tür,
ich ruf' noch: »Bleiben Sie doch hier!«
Da sagt sie: »Gleich komm' ich zurück,
ich bring' auch einen Löffel mit!«
Ich frag', was das mi'm Löffel soll,
wenn ich ihr g'rad was zeige toll.
Da lacht sie keck mir ins Gesicht:
»Mein Bester, Strom, den gibt's hier nicht!«

Ein Freund hat neulich mich gebeten,
ihn als Vertreter zu vertreten.
Der konnt' nicht weg, weil er Papa
von Drillingen geworden war.

Ich hab' mit viel Entgegenkommen
für ihn die Touren übernommen.
Ich komm' zum ersten Kunden ran,
der schaut mich gleich ganz skeptisch an
und fragt sofort nach dem Kollegen.
Ich sag: »Der muß den Drilling pflegen!«

»Ein Drilling«, lacht er, »das ist gut.«
Ich frag', was ihn so freuen tut,
da hält er prustend sich den Bauch:
»Jetzt weiß der Gute endlich auch,
wie's ist, wenn man«, so sagt er prompt,
»ein Stück bestellt – und drei bekommt!«

Das war zuviel, es reichte mir,
am gleichen Abend, nach neun Bier,
hab' ich die Brocken hingeschmissen,
und die Verträge kleingerissen.
Vertreter sein ist nix für mich,
auf Dauer kriegste da 'nen Stich.
Ich schul' jetzt um, das wird die Schau,
denn eines wißt ihr ja genau:
Wenn ein Vertreter gar nix wird,
dann hat er's Zeug zum Bahnhofswirt.
Das mach' ich jetzt, und nächstes Jahr
bin ich als Deppenwirt dann wieder da.
Bis dahin seid ihr auch schön blau,
ich grüß' euch dreimal mit Helau!

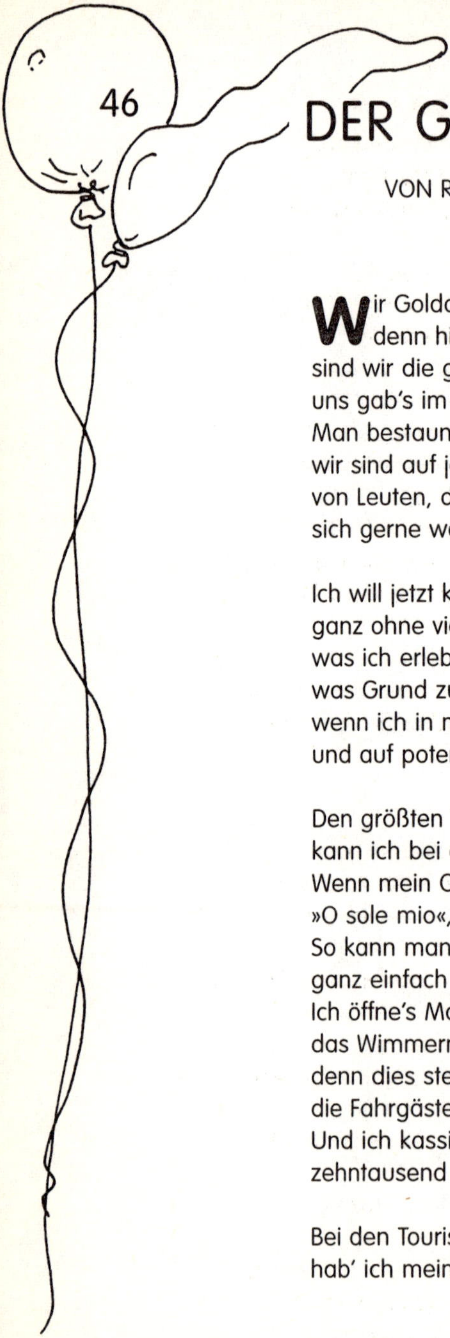

DER GONDOLIERE

VON RÜDIGER BRANITZKI

Wir Goldolieri haben es schwer,
denn hier in dem Kanalverkehr
sind wir die große Attraktion –
uns gab's im Mittelalter schon!
Man bestaunt uns wie im Zoo,
wir sind auf jedem Video
von Leuten, die auf nassen Straßen
sich gerne wohin schippern lassen.

Ich will jetzt kurz und knapp berichten,
ganz ohne viel dazuzudichten,
was ich erlebe alle Tage,
was Grund zur Freude, Grund zur Klage,
wenn ich in meiner Gondel kauer'
und auf potente Zahler lauer'.

Den größten Teil von meinen Kohlen
kann ich bei den Touristen holen!
Wenn mein Organ ich schallen lasse:
»O sole mio«, das bringt Kasse!
So kann man diese Neureich-Deppen
ganz einfach nur mit Technik neppen.
Ich öffne's Maul und tu' nur so –
das Wimmern kommt vom Radio –
denn dies steht neben mir ganz offen,
die Fahrgäste sind meist besoffen!
Und ich kassier' als Sonderdank
zehntausend Lire für Gesang.

Bei den Touristen ganz bequem
hab' ich mein Super-Augenmaß-System.

Bei denen mit den Mini-Kameras
macht das Kutschieren den meisten Spaß!
Denn diese (und das sind die meisten)
können sich Urlaub überhaupt nicht leisten!
Die nehm' an Bord ich in der Nähe
vom Bahnhof, wo ich steh'n sie sehe.
Wenn die sich meine Gondel mieten,
dann ist ihr Urlaub schon entschieden!
Bis ich so ihr Gepäck verstaut,
hat man die Hälfte schon geklaut!
Denn äußerst verläßlich und stets da
ist unsre Venezia-Mafia! (Molto bene!)
So unterwegs erwähn' ich vorab,
was ich am Ende zu kriegen hab.
Und nachdem ich dann meine Rechnung gezückt,
spielen auch die meisten sogleich verrückt.
Nach dieser Fuhre mit meinem Kahn
leg' ich dann wieder am Bahnhof an.
Meine Fahrgäste wollen dann schnell wieder raus,
denn ihr Urlaub ist schon nach drei Stunden aus!
Im Endeffekt brachte die Plage
mir auf Hawaii fünf Urlaubstage!

Mehr Freude dagegen machen die Dicken,
die stolz ihre Nikon an die Brust sich drücken!
Ich spendiere dem Typ zwölf Amaretto –
der Tragegurt ist kein Problem für Stiletto!
Wenn der dann am Ende den Kasten vermißt,
weiß ich natürlich nicht, wo der ist!
Doch siedendheiß fällt mir dann ein:
Ein Tourist ohne Foto – das kann gar nicht sein!
Doch ich habe ja, und das ist kein Flop,
meinen »Super-Kamera-Second-Hand-Shop«!
Und ich kassiere sodann am End'
den Neupreis plus meine fünfzig Prozent,
die ich verlange als Provision –
dazu mein blaues Auge, also knapp 'ne Million!
Auf die Art kann ich mit fremden Dingen
es zu ein paar Wochen Urlaub bringen!

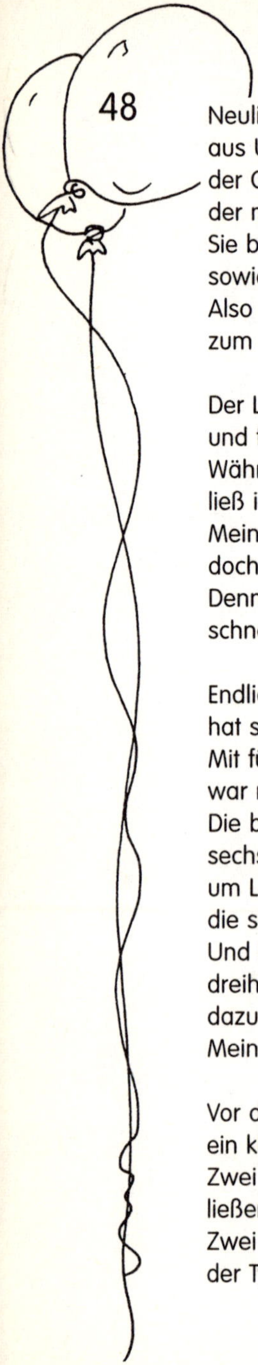

Neulich eine reiche Dame
aus USA – King war ihr Name –:
der Gatte von dem fetten Drachen,
der macht in Öl oder so Sachen.
Sie brauchte Puder für die Nase
sowie als Souvenir 'ne Vase.
Also fuhr ich sie piano
zum Glasbläser der Insel Murano.

Der Luigi drüben, der ist mein Freund,
und fifty-fifty, das vereint!
Während die so war am Kaufen,
ließ ich den Taxameter laufen.
Meine Kollegen kassier'n Pauschalen –
doch ich laß' mich nach Zeit bezahlen.
Denn nach dem Motto: »Zeit ist knapp«
schneide ich am besten ab!

Endlich nach siebeneinhalb Stunden
hat sie sich wieder eingefunden.
Mit fünfzehn Kartons, einfach toll,
war meine Gondel rappelvoll!
Die blöde Kuh hat regelrecht
sechstausend Dollars hingeblecht,
um Ladenhüter einzukaufen,
die sonst das ganze Jahr nicht laufen!
Und ich kassierte noch bei ihr
dreihundert Dollar Fahrgebühr –
dazu dreitausend von Murano.
Mein Urlaub: vier Wochen Lugano!

Vor dem Dogenpalast hat ganz selbstvergessen
ein kleiner Dicker auf der Bank gesessen.
Zwei Tauben vor diesen heiligen Hallen
ließen auf ihn die Visitenkarte fallen.
Zwei große Kleckse, eng vereint –
der Typ aus Deutschland hat fast geweint.

Zum Glück kam ich ihm in die Quere!
Mit meiner Spezial-Tauben-Fleckenschere,
die ich stets dabei hab für solchen Zweck.
Zwei Schnitte, ein Schrei – und die Scheiße war weg!
Was soll ich euch sagen, statt dankbar zu sein,
fing der noch lauter an zu schrei'n
und beleidigt die Zunft der Gondolieri!
Das hörte von Ferne ein Karabinieri,
der packte den Wütenden am Schlafittchen
und brachte ihn zur Wache ins Kittchen.
Die dreihundert D-Mark, die er dort geblecht,
haben abends wir mit den Bullen verzecht!

Was ich am allermeisten hasse:
Kaum auf dem Wasser – schon drückt die Blase!
Doch schwierig ist's, die Überlängen
so einfach über Bord zu hängen!
So installierte ich ganz lose
'ne leere Blechdos' in die Hose.
Die tu' ich stets am nächsten Morgen
auf unser'm Lokus dann entsorgen.
Man ist ja Freund von Umweltschutz
und meidet allen Wasserschmutz!
Mehr Sauberkeit in unser'm Lande –
drum auch dies Schild am Kanal Grande:

Wir Gondolieri mit unseren Nudeln
tun niemals die Lagun' besudeln!

Vorgestern erlebt' ich ein Abenteuer,
und seitdem ist's mir nicht geheuer.
Da erschien doch hier an meiner Gondola
ein Superzahn – sie sah aus wie die Lola.
Sie wollte mit mir schnell zum Markusplatz –
im dritten Kanal nannte sie mich schon »Schatz«!
Ich bin zwar kein Kind von Traurigkeit,
doch seit dieser Sache, glaubt mir, ihr Leut,

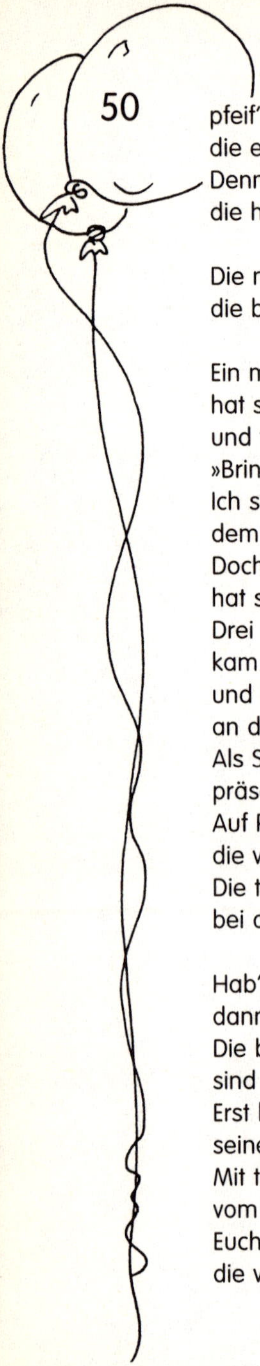

pfeif' ich auf alle Äußerlichkeiten,
die einen nur zu Blödsinn verleiten!
Denn als ich sie auspackt', gab es mir einen Stich –
die hatte genau dasselbe wie ich!!!

Die nächste Episode dann,
die bahnte sich am Freitag an:

Ein mickrig Kerlchen kommt gewetzt,
hat sich in meinen Kahn gesetzt
und fleht, kaum in der Gondel drin:
»Bring mich schnell fort, egal wohin!«
Ich starte los in aller Eile –
dem armen Schlucker drohte Keile!
Doch dem sein Ehe-Leckerbissen
hat sich ins Motorboot geschmissen.
Drei Zentner lebend, voller Wut,
kam über uns wie eine Flut
und hat den Ärmsten, was soll ich sagen,
an der Rialto fast erschlagen!
Als Siegtrophäe, äußerst stolz,
präsentiert sie ihr Nudelholz.
Auf Polizei konnt' ich nicht bauen,
die war schon vorher abgehauen.
Die trug wahrscheinlich Schuh von Horn –
bei denen sind die Absätz' vorn!

Hab' ich im Fuhrgeschäft mal keine Kunden,
dann tut mich Antiquitätenhandel gesunden.
Die besten Opfer für uns Halbinsulaner
sind nach wie vor die Amerikaner.
Erst letztens kam zu mir so'n GI,
seine aufgemotzte Tussi war auch mit dabei.
Mit treuherzigem Blick verkaufte ich dieser
vom alten Dogen fünf gebrauchte Pariser.
Euch kann ich's verraten, im Saale hier,
die war'n nicht vom Dogen – die waren von mir!

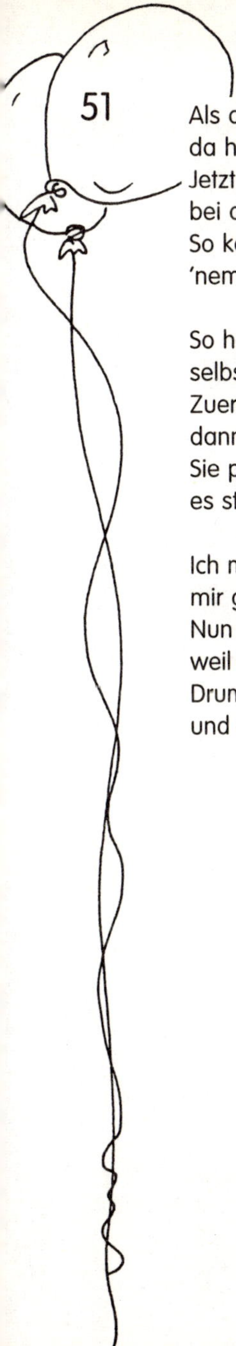

Als die beiden zufrieden den Ausgang passiert,
da hatte ich zweihundert Dollars kassiert!
Jetzt stehen die Dinger mit meinen Bambini
bei denen in Texas in der Vitrini!
So kann man auch mit kleinen Sachen
'nem Ami eine Freude machen!

So hab ich auch letzte Samstagnacht
selbst ein Urzeit-U-Boot an den Mann gebracht!
Zuerst hat man zwar über den Preis geschmollt –
dann das Gondelwrack aus dem Kanal geholt.
Sie packten in Watte das verrottete Monstrum –
es steht jetzt in Denver im Heimatmuseum!

Ich mache jetzt Schluß mit meinem Geplänkel,
mir geht eure Albernheit auf den Senkel!
Nun muß ich schleunigst zur Gondel starten,
weil dort neue Fahrgäste auf mich warten.
Drum verabschiede ich mich mit Goodbye und Ciao
und rufe euch zu ein herzlich Helau!!!

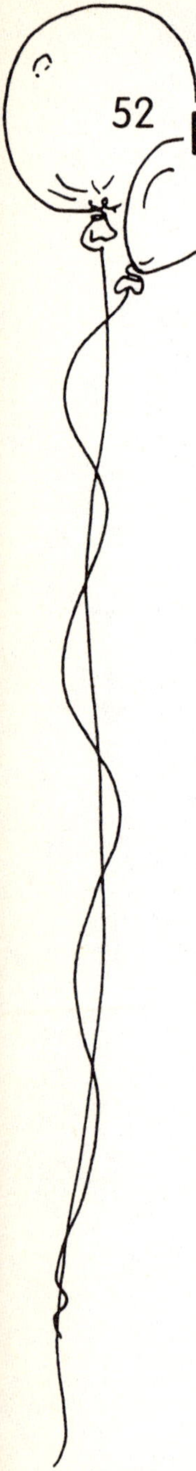

52 EIN SÄCHSISCHER SEEMANN

VON REINHARD IHLE

Als Leichtmatrose fuhr ich umher
gar viele Jahre auf Schiffen der DDR.
Hätte ich zum Berichteschreiben mehr Zeit,
also, die bunte Bilderzeitung würde blaß vor Neid.
Ich war auf der »Völkerfreundschaft« und auf Erichs Jacht,
ich hab geseh'n, wie's Erich mit Margot macht.
Den Tisch, ja den hab ich auch angetroffen –
der hat nichts gesagt, der war meistens besoffen.
Also – auf Erichs Jacht, da war's schon interessant,
da gab' sich die Prominenz die Klinke in die Hand.
Auch Machtkämpfe hab ich dort erlebt,
na, da hab'n schon welche an Erichs Stuhl gesägt.
Einmal, da rief mich der Krenz in großer Not:
»Schnell, komm, Matrose, Erich will aus'm Fenster über Bord!«
Ich sprach: »Halt ihn fest, ich komme schnell rauf!«
Er meint: »So'n Quatsch – ich kriege das Fenster nicht auf!«
Dort konnt ich vor Lachen nicht aus noch ein:
Ich hab gedacht, ich schiffe mich ein.

Weil ich damals so sehr gelacht,
mußte ich runter von Erichs Jacht.
Mit 'nem anderen Schiff lief ich '89 aus –
Musik zum Abschied, wie immer Applaus.
Der Parteisekretär der Reederei
war wie immer beim Ablegen der Schiffe dabei.
Auch die Stasi, das wußte man schon,
getarnt als Vertreter 'ner Massenorganisation,
sie winkten zum Abschied, warfen aufs Meer 'nen Blick
und gedacht hab'n sie: »Hoffentlich kommen die alle zurück!«
Doch diese Hoffnung, die blieb offen,
denn unser Kahn ist abgesoffen.
Darüber gibt es kein Gewinsel –
ich hatte Glück, rettete mich auf 'ne Insel.

Drei Jahre lebt' ich dort allein,
dann kam ein Schiff und nahm mich mit heim.
Auf der Reise brachte man mir schonend bei,
daß Deutschland inzwischen vereint worden sei.
Die Hauptstadt sei Berlin – und nicht mehr Bonn.
Ich dachte: »Siehste Kohl, das hast du nun davon.«
Ich erinnerte mich an den Politunterricht,
dort hatt' ich ja gehört, daß der Kapitalismus zerbricht,
daß sich das Rad der Geschichte stets vorwärts dreht
und die rote Fahne einst über ganz Deutschland weht.
Doch dann erschrak ich: Du liebe Zeit,
ist das tatsächlich Wirklichkeit?
Wie wird's da jetzt zu Hause sein?
Am besten ist's, ich schiffe mich ein.

Ich war geistig ganz schön verwirrt,
hab überlegt, wie's in Deutschland wohl gehen wird.
Ich dacht': Präsident ist bestimmt der Erich geworden,
für den Geldumtausch gibt's den Schalk-Golodkowski-Orden.
Gegen freie Liebe und sexuellen Größenwahn
gibt's die FDJ-Initiative »Hamburg-Reeperbahn«.
Im »Neuen Deutschland«, da könnte man seh'n,
wie Ost und West im sozialistischen Wettbewerb steh'n:
Der Werkdirektor von VEB Thyssen,
der würde beim Staatsratsbesuch den Honecker küssen.
Alle Krupp-Kollegen bis zum Krupp-Chef
kämpfen um den Staatstitel »Kollektiv der DSF«.
Ob Edeka, Aldi, Spar und Co. –
alles verwaltet von den Blindgängern der HO.
An den Gemüseständen gäb's nur noch Kohl zu kaufen –
statt Asbach Uralt muß ganz Deutschland Goldbrand saufen.
Und die Münchner, das gibt dir den Rest,
feiern das Große Sozialistische Oktoberfest!
Auf d'r Wies'n gibt's Sachsenbräu und gegrilltes Schwein!
Armes Deutschland – ich schiffe mich ein.

Die Opelwerke in Rüsselsheim
würden Zulieferer für Mifa-Fahrräder sein.
Ob Blaupunkt, Grundig, Telefunken –
alles auf VEB-Niveau gesunken.

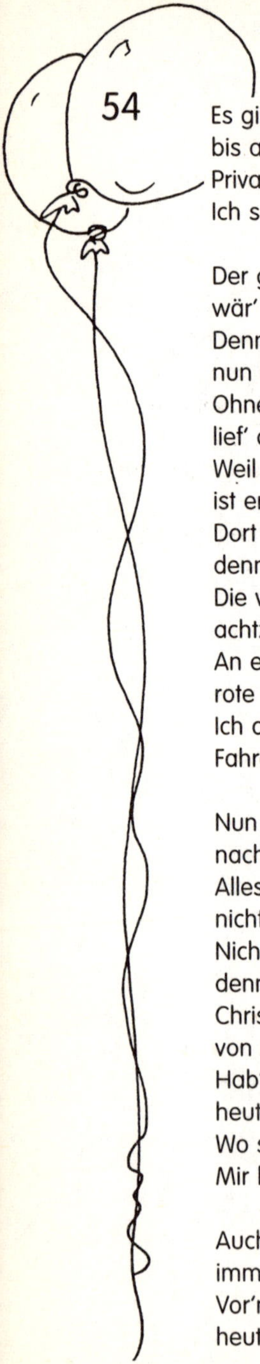

Es gibt Arbeit Tag und Nacht,
bis alles platt und zu VEB gemacht.
Private Betriebe, die dürfen nicht sein!
Ich sage nur – ich schiffe mich ein.

Der gesamte Zentralrat der FDJ
wär' als Aufbauhelfer im Westen vor Ort.
Denn wer's im Osten nicht zu viel gebracht,
nun Karriere im Westen macht.
Ohne die Hilfe aus der Alt-DDR
lief' die sozialistische Umgestaltung nur schwer.
Weil Krenz aufgemuckt hat, das hat er davon,
ist er abdelegiert, als Statthalter nach Bonn.
Dort schlägt er Wellen, das's im Wasserwerk prickelt,
denn der Bundestag wird abgewickelt.
Die weißen Westen der Abgeordneten sind passé,
achtzig Prozent waren inoffizielle Mitarbeiter beim BND!
An etwas wollt' ich gar nicht glob'n –
rote Fahnen auf'm Kölner Dom.
Ich dacht', oh Deutschland, du armes Schwein:
Fahre aufs Meer, und schiffe dich ein.

Nun lief unser Schiff in Deutschland ein,
nach dreieinhalb Jahren war ich wieder daheim.
Alles war anders als ich gedacht –
nicht Erich, sondern Helmut hatte das Rennen gemacht.
Nicht einmal die Sprichworte treffen mehr zu,
denn »Erich währt am längsten« ist völlig tabu.
Christliche Politiker reden von Nächstenliebe,
von Moral und gegen schamlose Triebe.
Hab'n vor der Wende geschimpft auf leichte Mädels im Westen,
heut' beraten sie, wo steht der Stadtpuff am besten?
Wo soll da deren Gesinnung sein?
Mir bleibt da nur – ich schiffe mich ein.

Auch die Menschen hier versteh' ich nicht mehr –
immer dieses Hin und Her.
Vor'n paar Jahr'n, da hab'n sie nach Helmut geschrien,
heute würd'n s' ihm gern eene drüberzieh'n.

Samt Regierung würden's den stürzen woll'n,
dabei geht das gar nicht, den kann man nur roll'n.
Also, was der als Staatschef kann auf die Waage legen,
da war ja der Erich 'ne Knochenlatte dagegen.
Es ist in der Politik eben wie im Suppentopf,
de Fettaugen, die sind immer obben off.
Erst hat ja der Helmut das deutsche Haus gebastelt –
ich mein, er hat sich ganz schön verhaspelt.
Hat Ost und West einfach zusammengezimmert,
um die Probleme der Menschen hat sich kein Aas gekümmert.
Und nun baut der Helmut am europäischen Haus,
also der kommt ja aus dem Bauen überhaupt nicht mehr raus.

Aber wenn der das mit Europa wie mit Deutschland macht,
na, dann sag ich nur noch »gute Nacht«.
Da wird dann für Europa 's DDR-Wappen genomm',
da müß' 'mer wieder zirkeln und Ähren lesen,
damit 'mer nicht unter'n Hammer komm'!
Die D-Mark woll'n sie uns auch wegnehm'n
und uns dafür Ecu geb'n.
Na ja, mit dem Geld ist's ohnehin enge,
schon jetzt nehm' sie dir die letzten paar Pfennge.
Für'n kleinen Mann wird alles teuer –
ob Gesundheitsreform, ob Mehrwertsteuer,
für alles mußt du mehr berappen,
der Fiskus reißt von dir den letzten Lappen.

Geht die Augenschärfe flöten,
denke dran, du brauchst Moneten.
Denn für ein einigermaßen Brillengesicht,
da sind zwei Hunderter weg wie nischt.
Oder du bist bescheiden wie viele hier hüb'n –
nimmst'n Kassengestell und läufst rum wie Nobert Blüm.
Schnell verflogen ist der Glanz,
hier wirst du ausgenommen wie 'ne Weihnachtsgans.
Man hofft, 's wird bald mal besser sein.
Sonst gibt's nur eins – ich schiffe mich ein.

Ach, nun bin ich schon wieder bei politischen Sachen,
dabei gibt's da momentan überhaupt nichts zu lachen.
Als einziger, der derzeit lachen kann,
ist unser alter Erich dran.
Dem sein Prozeß – das kannst'e vergessen,
hat nur 'nen Haufen Steuern gefressen.
Nach langem Theater ließ man ihn geh'n,
und der verschwand auf Nimmerwiederseh'n.
700 000 D-Mark mit ihm verschwanden –
und ab ging's zu Margot in die Anden.
Es hieß, er wäre furchtbar krank
und sein Leben dau'r nicht mehr lang,
er muß bald sterben, du liebe Not,
ich glaub', das stimmt – der lacht sich jetzt tot.
So, jetzt hör' ich aber auf mit der Politik,
sonst heißt's noch, ich wär' von den Roten geschickt.
Jetzt, liebe Narren, wollen wir feiern,
Sorgen und Nöte für heute verschleiern.
Es lebe der Karneval, Gesang, Weib und Wein:
Schiff ahoi – ich schiffe mich ein.

WAS TUT MAN NICHT ALLES FÜR DIE GESUNDHEIT

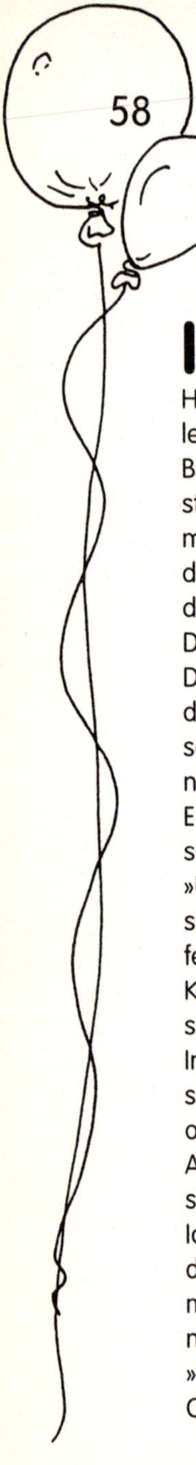

EINE MODERNE ÄRZTIN

VON HEINZ WEYANDT

Ich bin praktische Ärztin, zugelassen für alle Kassen, außer Spar- und Darlehenskassen. Kommt gestern ein Patient und klagt über Halsschmerzen. Ich leuchte ihm den Rachen aus, da sagt der: »Fräulein Doktor, wenn Sie meinen Krankenschein suchen, der ist in der Brieftasche.« Ich frage: »Welchen Beruf üben Sie aus?« Er sagt: »Anstreicher.« Ich sage: »Haben Sie es aber gut, wenn Sie mal was falsch machen, kratzen Sie die Farbe ab, und alles ist wieder gut.« Da meint der: »Sie haben es noch besser, wenn Sie mal was falsch machen, dann besorgt der Patient das Abkratzen selbst.«

Das Telefon schellt, am Apparat ist ein kleines Mädchen: »Fräulein Doktor, kommen Sie schnell, der Papa ist krank, die Mama ist krank, die Oma ist krank, und meine Schwester hat es schwer erwischt!« Ich sage: »Kind, bist du denn nicht krank?« »Nein«, sagt sie, »weil ich nicht brav war, durfte ich keine Pilze essen.«

Ein Mann kommt und klagt über Schmerzen im ganzen Körper. Ich sage: »Herr Stibbelich, da besteht kein Zweifel: Sie sind vergiftet.« »Um Gottes willen, mit welchem Gift denn?« Ich sage: »Nun regen Sie sich mal nicht weiter auf, das werden wir bei der Obduktion genau feststellen.«

Kommt so eine unsympathische Patientin und klagt mir zum dreißigsten Mal ihr Leiden: »Fräulein Doktor, ich habe ein Gefühl in meinem Innern, als sause etwas auf und ab wie ein Fahrstuhl.« Ich sage: »Das sind Blähungen, nur wissen die bei Ihrem Gesicht nicht, ob sie oben oder unten raus müssen.«

Als nächstes kommt ein Ehepaar. Der Mann klagt: »Nun sind wir schon zehn Jahre verheiratet und haben immer noch keine Kinder.« Ich sage: »Schicken Sie Ihre Frau einmal vier Wochen in Urlaub.« Nach drei Monaten waren sie wieder da: »Fräulein Doktor, nun war ich mit meiner Frau vier Wochen in Italien, es hat aber immer noch nichts genützt.« Ich hab ihn mir von oben bis unten angesehen und gesagt: »Das will ich gerne glauben, wenn Sie mitgefahren sind.«

Gestern schellt das Telefon, ein junges Mädchen sagt: »Fräulein Dok-

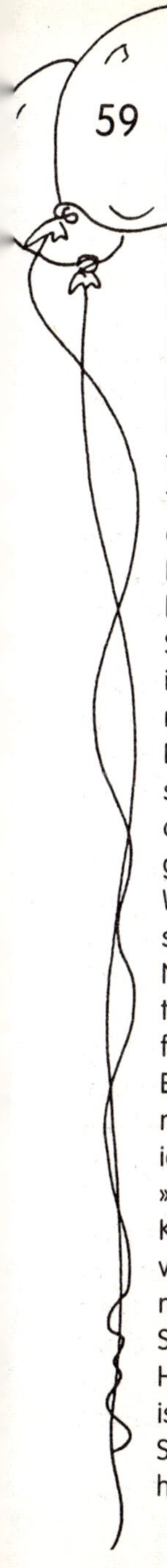

tor, habe ich bei Ihnen nicht mein Höschen liegengelassen?« Ich sage: »Hier ist nichts dergleichen.« Sagt sie: »Dann entschuldigen Sie, dann kann es nur beim Zahnarzt liegen.«

Kommt ein Mann mit einem blauen Auge. Ich frage ihn: »Wie kommen Sie denn da dran?« »Ach«, sagt der, »als wir gestern beim Vaterunser an die Stelle kamen: ›und erlöse uns von dem Übel‹, da hab' ich meine Frau angesehen, und das muß die wohl falsch verstanden haben.«

Neben meiner Praxis bin ich auch im Krankenhaus tätig. Wir haben tüchtiges Personal: Kleinere Fälle, wie zum Beispiel Blinddarmoperationen, erledigt bei uns der Pförtner. Wir behandeln nach den modernsten Erkenntnissen der Wissenschaft. Ich sage gestern zu einem Patienten: »Morgen werde ich Sie operieren. Wenn Sie aus der Narkose erwachen, setzen Sie sich auf die Bettkante. Am Abend gehen Sie fünf Minuten im Zimmer auf und ab, und übermorgen können Sie im Park spazierengehen.« Da sagt der: »Fräulein Doktor, warum operieren Sie mich nicht gleich im Stehen?«

Ein Assistenzarzt mußte an einer Puppe eine Zangengeburt demonstrieren. Wie der fertig war, sagte der Professor: »Wenn Sie jetzt noch dem Vater die Zange über den Schädel schlagen, dann haben Sie die ganze Familie ausgerottet.«

Wir Ärzte erleben die tollsten Sachen. Kommt eine Frau mit einer Riesennase: »Fräulein Doktor, was kostet die Verschönerung meiner Nase?« Ich sage: »Etwa tausend Mark!« Da meint die: »Das ist aber teuer!« »Ja«, sage ich, »wenn Sie es billiger haben wollen, dann laufen Sie ein paarmal gegen einen Briefkasten.«

Eine Mutter kommt mit ihrer Tochter: »Fräulein Doktor, helfen Sie uns, meine Tochter bildet sich ein, sie sei ein Huhn.« »Seit wann?« frage ich. »Seit drei Jahren!« Ich frage: »Warum kommen Sie erst jetzt?« »Ja«, sagt sie, »wir hatten die Eier so nötig.«

Kommt ein Herr, etwa 58 Jahre alt. Er steht in der Blüte der Arterienverkalkung. Ich sage: »Sie brauchen dringend Entspannung, unternehmen Sie etwas.« Da sagt der: »Das habe ich schon versucht, aber Sie glauben nicht, wie meine Alte aufpaßt.«

Heute morgen kommt eine Frau in die Praxis. Sie sagt: »Mein Mann ist so krank, ich muß ihm die Nahrung von hinten einführen. Mit der Suppe geht das ja noch, aber was glauben Sie, was ich für eine Arbeit habe, wenn es Knödel gibt.«

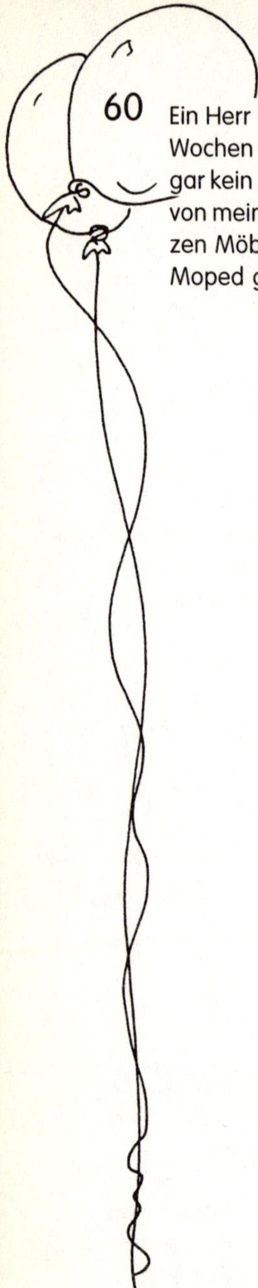

60 Ein Herr kommt und verlangt dieselbe Medizin, die ich ihm vor zwei Wochen verschrieben habe. Ich sage: »War die denn so gut?« »Gut ist gar kein Ausdruck«, sagt er, »mein Rheuma ist weg, die Schweißfüße von meiner Frau sind weg, dem Hund seine Flöhe sind weg, die ganzen Möbel haben wir damit poliert, und den Rest habe ich in mein Moped geschüttet, das läuft wieder wie eine Rakete.«

Alaaf!

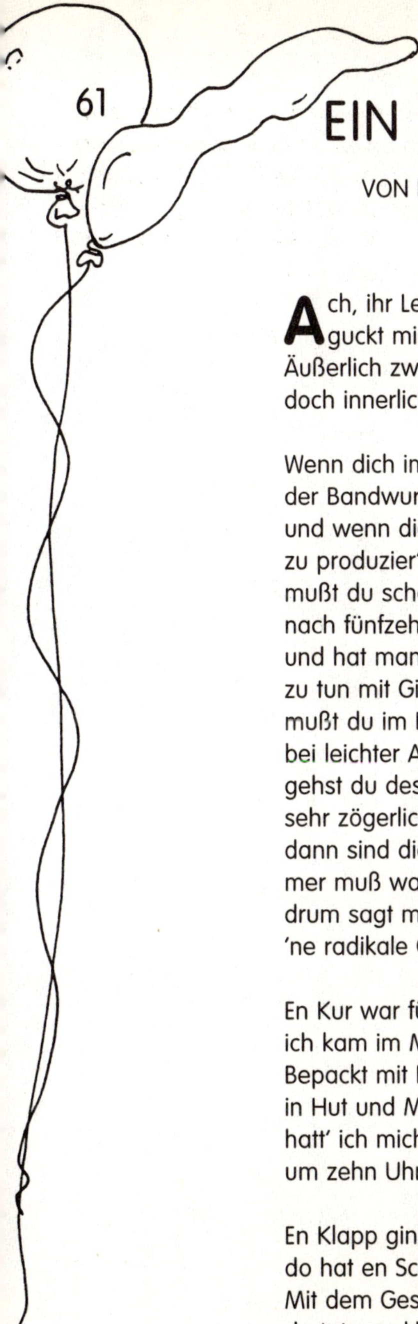

EIN KURGAST

VON ERICH DIEFENBACH

Ach, ihr Leut', es is en Graus,
guckt mich an, wie seh'n ich aus!
Äußerlich zwar rank und schlank,
doch innerlich schon ziemlich krank.

Wenn dich im Hals de Bibbes plagt,
der Bandwurm schon am Dickdarm nagt,
und wenn die Gall' es nicht mehr schafft,
zu produzier'n genügend Saft …
mußt du schon gleich bei jedem Zeche
nach fünfzehn Bier bereits erbreche,
und hat man schon zur Lebensmitte
zu tun mit Gicht und Hämorrhoide,
mußt du im Bett auch ohne Hitze
bei leichter Arbeit stärker schwitze,
gehst du deshalb nur ab und an
sehr zögerlich jetzt nur noch ran,
dann sind die Zeiche nicht mehr trüglich,
mer muß was tun jetzt, unverzüglich,
drum sagt mein Hausarzt: »Hier hilft nur
'ne radikale Ganzheitskur!«

En Kur war für mich bisher neu,
ich kam im März schon nach Bad Oy.
Bepackt mit Koffern, Kiste, Tasche,
in Hut und Mantel und Gamasche
hatt' ich mich pünktlich eingestellt,
um zehn Uhr dreißig Sturm geschellt.

En Klapp ging uff, ich hab' gezuckt,
do hat en Schreckschraub rausgeguckt.
Mit dem Gesicht – sag ich jetzt trocke –
do tut mer klaane Kinner schocke!

»Jetzt geh'n Sie rauf zum dritten Stock«,
raunzt die mich an, »im vierten Block
vor Zimmer vierzehn a bis f,
da warte Sie dann uff de Chef.

Jetzt brauch' ich Name und Adresse,
um zwölf Uhr hon mir Mittagesse.
Zum Kaffee gibt's nur Joghurt pur,
das Abendbrot um achtzehn Uhr!«
Und rums, da knallte auch im Nu
die Schreckschraub schon die Klappe zu!

Im dritten Stock, do hon die dann
mich durchgecheckt, so gut man's kann.
Ich hab' die meiste von den Posse
in Ruhe mit mir mache losse.

Nur eines hass' ich, das sin Spritze,
obwohl ich weiß, daß die wat nütze.
Drum als ich unsern Doktor da
mit so 'nem Ömmes komme sah,
dacht' ich mir erst so nebebei,
daß das en Einlaufkolbe sei.

Bis ich so'n Nadel dran entdeckt,
bin ich ganz plötzlich uffgeschreckt.
Wie nach em Stich von 'ner Tarantel
geflüchtet in mei'm Bademantel
un in 'nem schwarzen Tanga nur
im Affezahn quer durch de Flur.

Da kam zum Unglück grad en Pfleger
in der Gestalt als Esseträger.
Statt mi'm Tablett des rumzutrage,
kam der mi'm Riese-Essewage
zu meinem allergrößte Schreck
im rechte Winkel um die Eck,
ein frohes Lied uff seine Lippe,
mit Supp' und Soße in de Dippe.

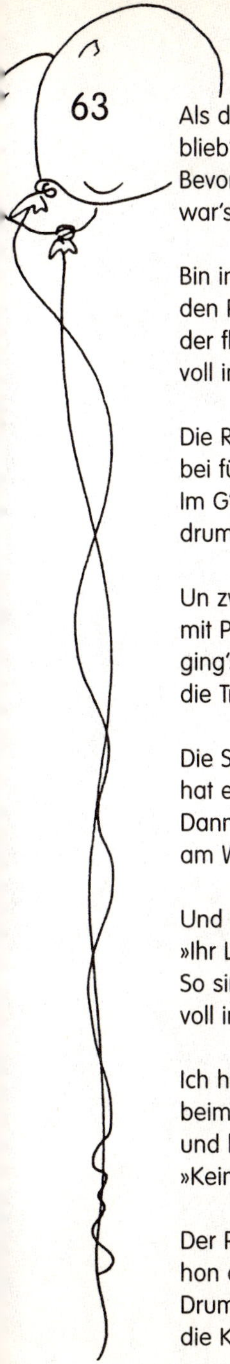

Als der mich sah uff halber Strecke,
blieb's hohe C im Hals ihm stecke.
Bevor der Kerl noch reagiert,
war's aach zu spät un schon passiert:

Bin in den Karre ringebrettert,
den Pfleger obbe druff geschmettert,
der flog gradaus mit seinem Kopp,
voll in den größten Suppetopp.

Die Rindsbrüh schoß mit Dill und Lauch
bei fünfzig Grad ihm über'n Bauch.
Im G'nick, da hing gebrannte Gries,
drum schrie der wie en Sau am Spieß.

Un zwische Kohl un Salzkartoffel,
mit Pfleger un in Filzpantoffel,
ging's mit Geschepper und Gescherre
die Treppe runner bis Parterre.

Die Schreckschraub starr im Eingang steht,
hat erst mol dreifach hohl gedreht.
Dann hing die plötzlich bei der Tour
am Wage als Galionsfigur.

Und flehte wie im Fieberwahn:
»Ihr Leut', geht endlich aus der Bahn!«
So sin wir drei dann unverdrosse
voll in die Rezeption geschosse.

Ich hing mit so 'ner Riesendelle
beim Telefon gleich in der Zelle
und hörte nur noch einen Summer:
»Kein Anschluß unter dieser Nummer!«

Der Pfleger, ich, die Schreckschraubtante
hon alles weidlich überstande.
Drum konnte ich am nächste Tag
die Kur beginne ohne Plag.

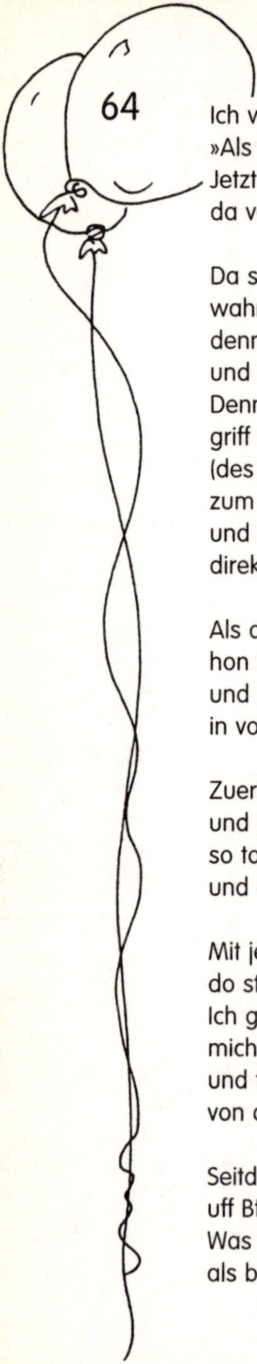

Ich wurd' um neun Uhr instruiert:
»Als erstes wird heut' inhaliert!
Jetzt geh'n Sie doch den Gang hier vor,
da vorne links ins Hauptlabor.«

Da saß 'ne junge Laborantin –
wahrscheinlich damals Praktikantin –
denn die war reichlich ungeschickt
und hat es scheinbar nicht geblickt.
Denn statt 'ner Flasche mit Menthol
griff die nach reinem Alkohol
(des nehme die am Tagesende
zum Reinige der Instrumente)
und schütt' davon, soviel es geht,
direkt ins Inhaliergerät.

Als dann die Flasch voll eingeschenkt,
hon ich mein' Rüssel drangehängt
und hab dann – das is nit geloge –
in volle Züge eingezoge.

Zuerst sah ich nur einen Stern,
und plötzlich war'n es gut und gern
so tausend Sterncher oder mehr,
und alles schwankte hin und her.

Mit jedem Zug in aller Stille
do steigerten sich die Promille.
Ich glaubt' auf Wolke hochzuschwebe,
mich in die Lüfte zu erhebe
und fühlte mich unendlich high,
von allen Schmerzen plötzlich frei!

Seitdem tu' ich nichts komme lasse
uff BfA und Krankekasse.
Was kann, ihr Leut', noch schöner sein,
als b'soffe sein uff Krankeschein!?

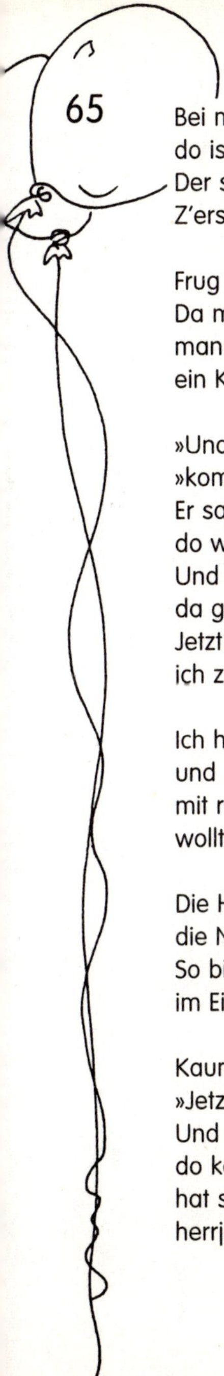

Bei mir am Tisch beim Abendesse
do is en junge Mann gesesse.
Der sagte mir, er hätt' en »Schatte«.
Z'erst dacht' ich, daß er's nicht all hatte.

Frug höflich drum: »Was hon Sie bitte?«
Da meinte er, es sei so Sitte,
man hätte hier zum Zeitvertreib
ein Kur-Gespusi mit 'nem Weib.

»Und wie«, so frug ich weiter dann,
»kommt man an so en ›Schatte‹ ran?«
Er sagt: »Guck hier in der Kantine,
do wimmelt's doch vor flotte Biene.
Und abends dann im Kurcasino,
da geht mer ran bei Tanz und Vino.
Jetzt mach dich flott für diese Nacht,
ich zeig' dir dann, wie man das macht.«

Ich hab' mich daraufhin beeilt
und mich gewäsche und gestylt
mit reichlich Puder und mit Creme –
wollt' doch nit stinke und mich schäme.

Die Haar' ganz lässig eingeschäumt,
die Naselöcher uffgeräumt.
So bin ich – mit mei'm Freund dabei –
im Eilschritt ins Casino nei.

Kaum drin, do hieß es schon im Saal:
»Jetzt machen wir mal Damenwahl!«
Und als ich so am Tresen stand,
do kam von hinten eine Hand,
hat sich ganz sanft uff mich gelegt –
herrje, wie war ich uffgeregt!

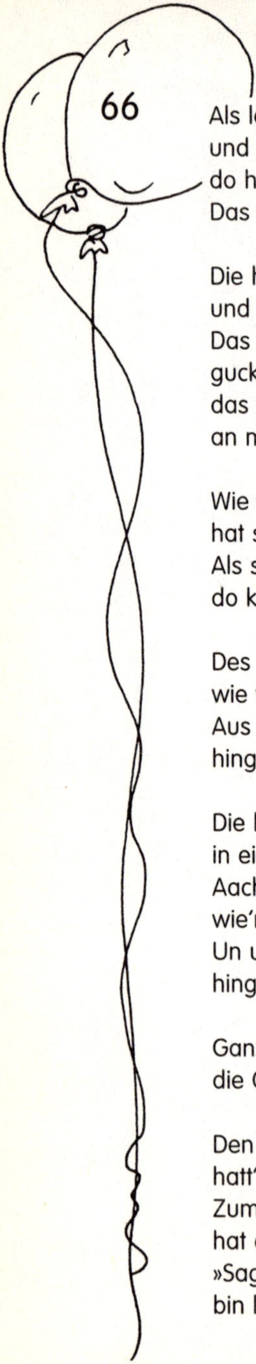

Als langsam ich mich umgewandt
und sehe konnt, was vor mir stand,
do haut's mich um, wie mit 'ner Latte:
Das war noch mehr als bloß en Schatte!

Die hatt' so'n Kolbe im Gesicht
und ging ganz schepp vor lauter Gicht.
Das rechte Auge unter'm Deckel
guckt' in mein' rechte Buchsesäckel,
das linke Auge guckt' dafür
an mir vorbei zur Lokustür.

Wie die mit dem Blick vor mir steht,
hat sich mein Mage fast gedreht.
Als sie mich bat, den Tanz zu mache,
do kam en Dampf aus ihrem Rache.

Des roch – ich sag hier nix verkehrt –
wie wenn's im Puddelfäßje gärt.
Aus reinem Perlon ihr Perück,
hing leicht verschobe im Genick.

Die hatt' die Händ – des is kein Bluff –
in einem echten Katzemuff.
Aach massig Falte um de Mund
wie'n ausgedienter Boxerhund.
Un uff de Lippe, solche fette,
hing dick die Farb' druff wie Scheiblette.

Ganz klar, dacht' ich, das muß sie sein:
die Gattin von dem Frankenstein!

Den ganze Abend jedenfalls
hatt' ich den Koffer an mei'm Hals.
Zum Abschied dann, zur guten Nacht,
hat die den Vorschlag mir gemacht:
»Sag du zu mir, ich heiße Hulda,
bin ledig noch und komm' aus Fulda!«

Do sagte ich ganz treu und ehrlich:
»Ich komm' aus Limburg 'n bin de Erich!«

Warum die aach den Ausdruck hatte,
nit Kur-»Sonn« sage, sondern »Schatte«,
des war mir jetzt nach dieser Fraa
uff einmal wirklich sonnenklar.

Und als ich dann am nächste Morge
am Frühstückstisch saß ohne Sorge,
mit viel Genuß den Kaffee schluckt'
und dabei gradeaus geguckt,
sah ich ganz plötzlich, leicht verschwomme,
von weitem meine Hulda komme.
Ich hatt' die Tass' kaum abgesetzt,
do kam die an mein' Tisch gewetzt.

Hat mich geküßt und abgeschlappert,
daß ihr Gebiß ganz hohl geklappert.
Ihr Atem schmeckte eminent
nach viel Odol und Kukident.

Hat mich ganz heiß ans Herz gedrückt,
ich wär dodran beinah' erstickt.
Wie peinlich wär mir das gewese,
denn in der Zeitung könnt' mer lese:
»Mit fünfzig Jahren ist die Sau
erstickt im Busen einer Frau!«

Do riß ich mich aus ihrem Arm:
»Schluß is«, rief ich, »jetzt geh'n ich haam.
Das is jo streßig, diese Kur,
un von Entspannung keine Spur.

Ich kenn en Kur, die is gesünder
für Junge, Alte und für Kinder:
en Sitzung in der Fassenacht,
bei der man schunkelt, wo man lacht!«

Humor und echte Narretei
sind stets die beste Arzenei.
So kann bei uns Gesundheitswesen
auch ohne die Reform genesen.

Drum eingeschenkt und mitgemacht,
ein Hoch auf unsre Fassenacht!
So stoß' ich an mit Mann und Frau:
ein Prosit allen und Helau!

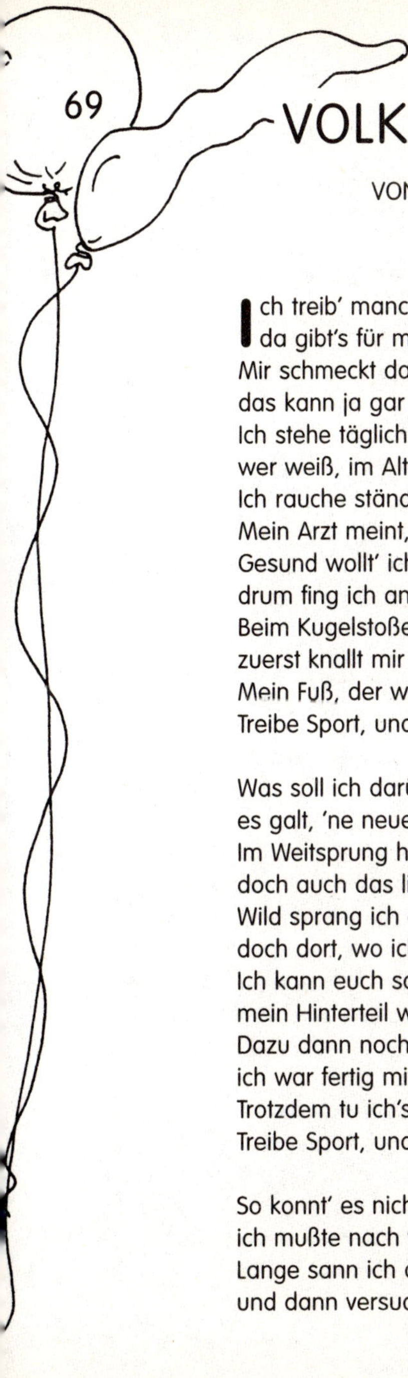

VOLKSSPORTLER

VON REINHARD IHLE

Ich treib' manchen »Sport« schon viele Jahre,
da gibt's für mich gar keine Frage.
Mir schmeckt das Bier, mir schmeckt der Wein,
das kann ja gar nicht besser sein.
Ich stehe täglich im Verkehr –
wer weiß, im Alter geht's vielleicht nicht mehr.
Ich rauche ständig Zigaretten:
Mein Arzt meint, mich könne richt'ger Sport nur retten.
Gesund wollt' ich ja schließlich bleiben,
drum fing ich an mit Sport zu treiben.
Beim Kugelstoßen stieg ich ein –
zuerst knallt mir die Kugel aufs Bein.
Mein Fuß, der wurde dick und rund:
Treibe Sport, und du bleibst gesund!

Was soll ich darüber weiter erzähl'n,
es galt, 'ne neue Sportart auszuwähl'n.
Im Weitsprung hab' ich mein Glück versucht,
doch auch das lief ganz verflucht.
Wild sprang ich ab vom Grubenrand,
doch dort, wo ich aufkam, da lag noch kein Sand.
Ich kann euch sagen, das war 'ne Not,
mein Hinterteil war blau und rot.
Dazu dann noch den Steiß geprellt –
ich war fertig mit mir und der Welt.
Trotzdem tu ich's allen kund:
Treibe Sport, und du bleibst gesund!

So konnt' es nicht weitergeh'n,
ich mußte nach was ander'm sehn.
Lange sann ich drüber nach,
und dann versuchte ich's im Schach.

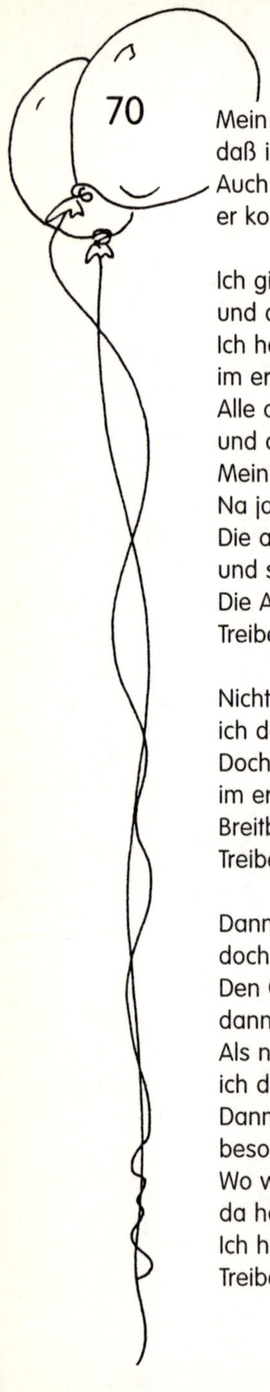

Mein Schachlehrer gab auf und sagte ganz frei,
daß ich dafür zu dämlich sei.
Auch das hab' ich mit Würde getragen,
er konnte mir schließlich nichts Neues sagen.

Ich ging zu 'ner richtigen Sportart zurück –
und dann, beim Rudern, da hatt' ich Glück.
Ich hab' gerudert wie ein Tiger,
im ersten Wettkampf war ich gleich Sieger.
Alle ander'n hab' ich verdrängt,
und am Schluß hatte ich die meisten Boote versenkt!
Mein Trainer, der tobte: »Nimm deinen Hut!«
Na ja, ich war ihm sicher zu gut.
Die anderen Ruderer, die kamen in Reih'n
und schlugen blindlings auf mich ein.
Die Augen geschwollen und blutig der Mund:
Treibe Sport, und du bleibst gesund!

Nichts wollte mir so richtig gelingen,
ich dacht', die Sportart »Gehen« wird's vielleicht bringen.
Doch auch das war für mich zum Haareraufen,
im ersten Wettkampf hatt' ich mir 'nen Wolf gelaufen.
Breitbeinig lief ich, alles war wund:
Treibe Sport, und du bleibst gesund!

Dann hab' ich mir Ringkampf eingebrockt,
doch mein Gegner hat mich ziemlich geschockt.
Den Griff an die Hüfte nahm ich noch in Kauf,
dann schmeißt der sich plötzlich auf mich hinten drauf.
Als nächstes, da packt er mich am Schenkel,
ich dachte schon, er will den Henkel!
Dann hat der mich auf den Rücken gedreht,
besorgt dachte ich, was denn jetzt losgeht.
Wo wird er wohl als nächstes anfassen,
da hat der mich einfach liegengelassen.
Ich hatte 'nen Schock, lief im Kopf nicht mehr rund:
Treibe Sport, und du bleibst gesund!

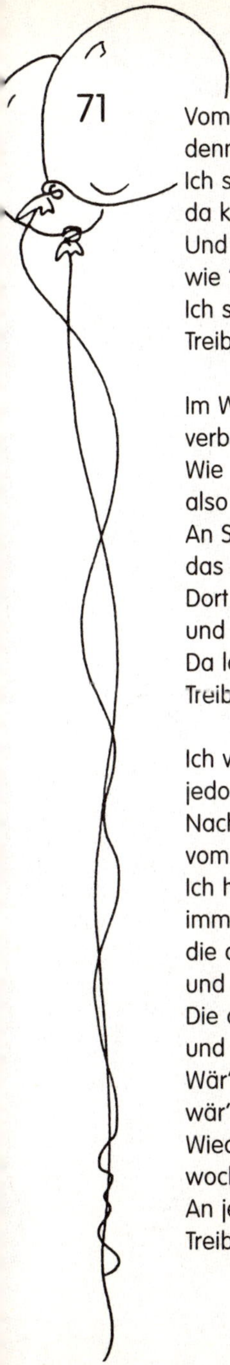

Vom Boxen weiß ich überhaupt nicht viel,
denn das war ein ganz schnelles Spiel.
Ich stand im Ring und hörte den Gong –
da knallt's auch schon an mein'm Ballon.
Und ganz ehrlich, es ist nicht gelogen,
wie 'nen Sack hab'n die mich aus dem Ring gezogen.
Ich sah nur Sterne, golden und bunt:
Treibe Sport, und du bleibst gesund!

Im Wintersport, das gab's noch nie,
verbrauchte ich Gips wie die Großindustrie.
Wie oft kam ich nach Hause gekrochen,
also irgendwas hatt' ich immer gebrochen.
An Schlitten und Ski hatt' ich großen Verschleiß,
das war mir zu dumm, und ich ging aufs Eis.
Dort fand ich überhaupt keinen Halt
und war im Handumdreh'n auf'n Kopf geknallt.
Da lag ich nun wie ein toter Hund:
Treibe Sport, und du bleibst gesund!

Ich versuchte es im Wassersport,
jedoch blieb ich nicht lange dort.
Nach jedem Training war ich voll Wasser,
vom vielen Chlor wurde ich täglich blasser.
Ich hab gesagt: »Das kann doch nicht sein,
immer trinke nur ich allein,
die ander'n schwimmen hin und her
und denken, ich sauf' das Becken allene leer!«
Die anderen Schwimmer, die haben gelacht
und ha'm über Nacht das Becken leer gemacht.
Wär' diese Tatsache in mein Ohr gedrungen,
wär' ich am nächsten Tag nicht in das Becken gesprungen.
Wieder mal war'n die Beine gebrochen,
wochenlang wieder im Gips rumgekrochen.
An jedem Bein hingen dreißig Pfund:
Treibe Sport, und du bleibst gesund!

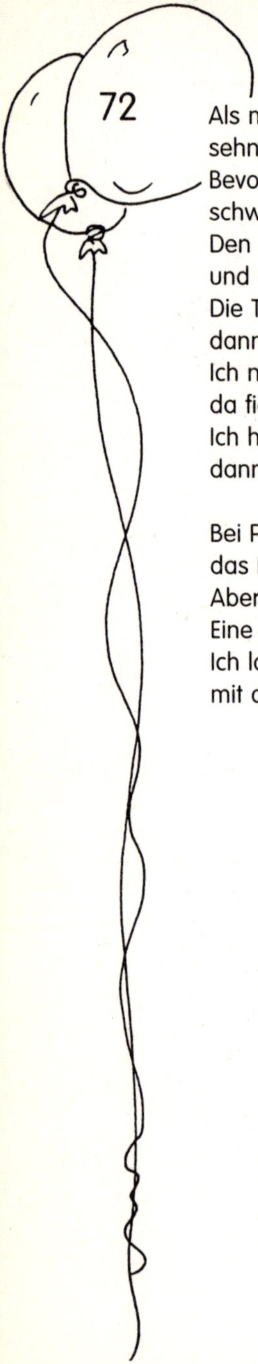

Als meine Knochen vom Gips wieder frei,
sehnt' ich 'ne neue Sportart herbei.
Bevor den Sport ich gänzlich verfluch',
schwor ich, es ist dein letzter Versuch.
Den Schießsport suchte ich dafür aus –
und dacht', hier kommt wirklich was Großes raus.
Die Theorie hatte ich alsbald begriffen,
dann wurde zum praktischen Training gepfiffen.
Ich nahm die Pistole, es krachte ein Schuß,
da fiel ich um, und es war Schluß.
Ich hörte nur noch was von »verkehrtrum gehalten«,
dann begann ringsum alles abzuschalten.

Bei Petrus erwachend hört' ich ganz verdrossen,
das Rindvieh hat sich selber abgeschossen.
Aber dann sprach Petrus: »Oh, doch!
Eine Chance bekommst du noch!
Ich laß dich noch einmal hinunter auf Erden,
mit deinen Fähigkeiten kannst du'n Spitzenpolitiker werden!«

Helau!

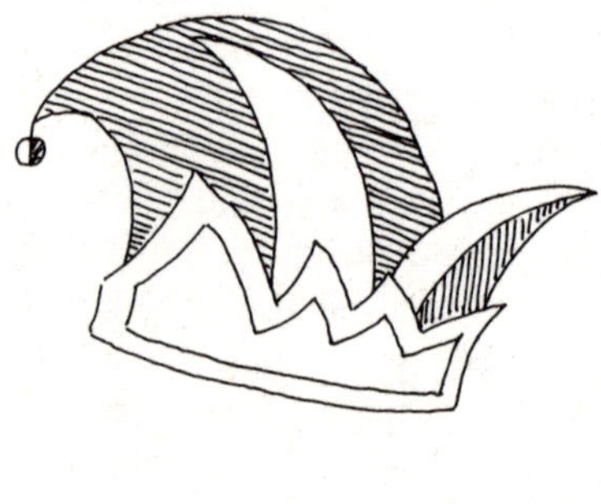

IN DEN FÄNGEN DER JUSTIZ

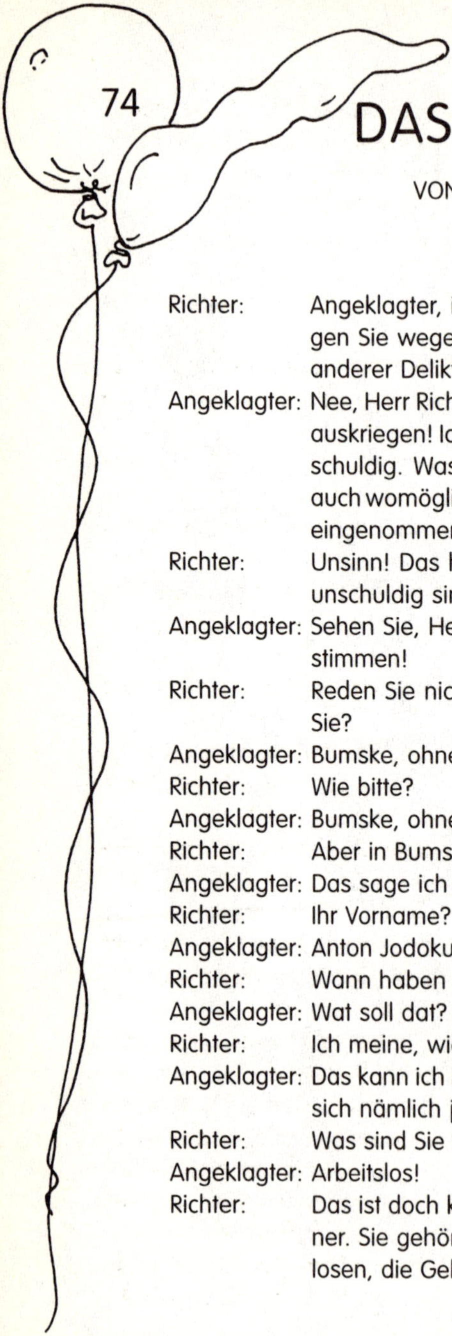

DAS GERICHT

VON GERD HINDERS

Richter: Angeklagter, ich eröffne hiermit die Verhandlung gegen Sie wegen fortgesetzten Einbruchdiebstahls und anderer Delikte. Fühlen Sie sich schuldig?

Angeklagter: Nee, Herr Richter! Aber das sollen Sie doch selbst herauskriegen! Ich erkläre mich selbstverständlich für unschuldig. Was anderes würde die Geschworenen ja auch womöglich gleich von Anfang an gegen mich voreingenommen machen.

Richter: Unsinn! Das haben bisher noch alle gesagt, daß sie unschuldig sind.

Angeklagter: Sehen Sie, Herr Schiedsrichter, dann muß es ja wohl stimmen!

Richter: Reden Sie nicht, kommen wir zur Sache! Wie heißen Sie?

Angeklagter: Bumske, ohne »h«.

Richter: Wie bitte?

Angeklagter: Bumske, ohne »h«!

Richter: Aber in Bumske ist doch gar kein »h« vorhanden!

Angeklagter: Das sage ich doch die ganze Zeit.

Richter: Ihr Vorname?

Angeklagter: Anton Jodokus Amadeus Ottokar.

Richter: Wann haben Sie Geburtstag?

Angeklagter: Wat soll dat? Sie schenken mir ja doch nix!

Richter: Ich meine, wie alt sind Sie?

Angeklagter: Das kann ich Ihnen nicht so genau sagen. Das ändert sich nämlich jedes Jahr!

Richter: Was sind Sie von Beruf?

Angeklagter: Arbeitslos!

Richter: Das ist doch kein Beruf und wird auch hoffentlich keiner. Sie gehören also auch zu den Millionen Arbeitslosen, die Geld über den Staat verdienen!?

Angeklagter: Ja, ich mache das wie die Bundesbahn: Als ich genug Schulden hatte, hab' ich investiert. Das Geld dafür hab' ich vom Steuerzahler!

Richter: Worin haben Sie denn investiert?

Angeklagter: Ach, ich hab' mir eine Pistole und einen Schweißbrenner gekauft ...

Richter: Wie kommen Sie denn an eine Pistole? Haben Sie einen Waffenschein?

Angeklagter: Nein, das gerade nicht. Aber wissen Sie: Wenn man eine Bank überfällt, muß man schon was in der Hand haben!

Richter: Also, hier im Protokoll steht, daß man Sie bei dem Überfall in flagranti erwischt hat und zwei Polizisten Sie nur mit Mühe aufs Revier schleppen konnten. Waren Sie denn besoffen?

Angeklagter: Jawohl, Euer Ehren, alle beide! Aber das mit »in flagranti« ist eine Lüge. Ich bin noch nie in Italien gewesen!

Richter: Reden Sie nicht, man hat doch Ihre Fingerabdrücke auf dem Tresor gefunden!

Angeklagter: Haha, daß ich nicht lache! Das ist doch gar nicht möglich, Hohes Gericht. Ich hatte doch Fingerhandschuhe an!

Richter: Warum sind Sie dann weggelaufen, als die Polizei Sie erwischt hat?

Angeklagter: Die wollten mir »Abführmittel« an die Hand geben. Da bin ich auf den Aussichtsturm geklettert, bis es nicht mehr weiter ging. Schließlich gähnte vor mir der Abgrund und hinter mir die Polizei!

Richter: Ja, und warum haben Sie dann auch noch vor der Polizei einen falschen Namen angegeben?

Angeklagter: Nun, als sie mich hatten, kannte ich mich vor Wut selber nicht mehr! Und außerdem werde ich doch nicht für so eine Tat meinen ehrlichen Namen hergeben!

Richter: Sie sind jetzt schon zum fünfundzwanzigsten Mal hier. Was sollen wir denn mit Ihnen anfangen?

Angeklagter: Och, vielleicht eine kleine Jubiläumsfeier!? Außerdem möchte ich hier einen Befangenheitsantrag stellen!

Richter: Na, hören Sie mal, meinen Sie etwa, ich hätte etwas gegen Sie und wäre Ihnen gegenüber befangen!?

Angeklagter: Nein, ich wollte ja nicht Sie, sondern mich in dieser Angelegenheit für befangen erklären!

Richter: Das geht nicht! Schließlich haben Sie laut Aktennotizen ja auch schon ein ziemlich bewegtes Leben hinter sich.

Angeklagter: Was heißt hier bewegtes Leben? Ich hab' doch bisher fast immer eingesessen! Außerdem bitte ich um Entlassung aus der Untersuchungshaft. Denken Sie doch nur einmal an das schlechte Beispiel, das ich meinen Zellengenossen gebe! Sie sagen nämlich alle, sie wären unschuldig!

Richter: Nun machen Sie mal halblang, und versuchen Sie sich nicht so rauszureden. Sie scheinen mir doch sonst ganz intelligent zu sein.

Angeklagter: Schönen Dank, aber leider kann ich Ihnen das Kompliment nicht zurückgeben, denn ich stehe ja unter Eid! Außerdem, Herr Richter, berufe ich mich auf den gesunden Menschenverstand!

Richter: Das nutzt Ihnen nichts. Diese Instanz existiert hier nicht! Ich rate Ihnen: Bleiben Sie bei der vollen Wahrheit und sagen Sie uns, wie es gewesen ist!

Angeklagter: Das wollte ich ja auch, aber mein Verteidiger machte immer wieder Einwände! Und überzeugte mich von meiner Unschuld!

Richter: Ja, wohl dem, der keinen Verteidiger braucht! Aber was sagte er Ihnen denn, Ihr Verteidiger?

Angeklagter: Er riet mir vor der Verhandlung: Herr Bumske, nun schildern Sie mir erst mal die Ereignisse der Reihe nach. Für das Gericht bringe ich sie dann schon wieder durcheinander! Was Wahrheit ist, ist nur Sache des Verteidigers!

Richter: Aber Herr Verteidiger, Ihr Mandant hat die Tat doch schon zugegeben!

Verteidiger: Ich möchte doch sehr bitten, Herr Richter! Dann glauben Sie also dem Angeklagten mehr als mir?

Richter: Nun, Herr Verteidiger, Zweifel sind ja wohl erlaubt! Wer weiß, wie Gesetze und Würste zustande kommen, kann für gewöhnlich nicht mehr ruhig schlafen!

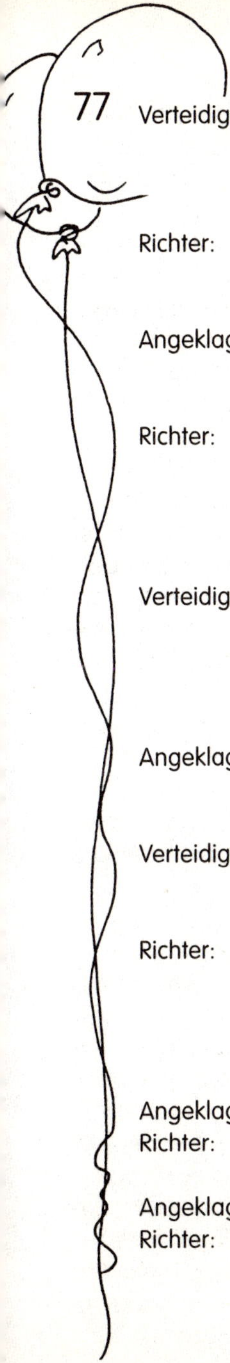

Verteidiger: Ach, ich schlafe eigentlich ganz gut! Ich halte mich da an Konrad Adenauer, der sagte: »Natürlich achte ich das Recht! Aber mit dem Recht darf man nicht so pingelig sein!«

Richter: Nun, ganz so ist das ja wohl nicht! Der Herr Staatsanwalt möchte Ihnen dazu einmal das Strafregister des Angeklagten vorlesen.

Angeklagter: Darf ich mich dabei setzen? Nicht, daß es dann hinterher etwa heißt, ich hätte das Verfahren mutwillig in die Länge gezogen ...

Richter: Bleiben Sie stehen! Nur wer gestanden hat, darf sitzen! Im übrigen ermahnt Sie der Staatsanwalt, ruhig zu sein. Denn wer einen so teuren Staranwalt engagiert, weiß, warum und ist vermutlich von vornherein schuldig!

Verteidiger: Einspruch! Mein Mandant muß zur Bezahlung meines Honorars mehrere Nächte hart arbeiten! Und im übrigen sollten Sie bei Ihrer Urteilsfindung berücksichtigen, daß er schwerhörig ist und deshalb die Stimme seines Gewissens nicht hören kann!

Angeklagter: Jawohl, Herr Verteidiger, ich beantrage, einen Sachverständigen hinzuzuziehen, der nachweist, daß ich unzurechnungsfähig bin!

Verteidiger: Seien Sie ruhig, und vertrauen Sie mir! Wenn Sie mich als Verteidiger haben, ist der Beweis Ihrer Unzurechnungsfähigkeit ganz überflüssig!

Richter: Der Herr Staatsanwalt möchte von Ihnen noch gerne wissen, Angeklagter, warum Sie die Brieftasche mit den fünfhundert Mark, die Sie an dem fraglichen Abend angeblich gefunden haben, nicht gleich bei der Polizei abgegeben haben!

Angeklagter: Herr Großinquisitor, es war doch schon so spät!

Richter: Und warum haben Sie sie nicht am folgenden Tag abgegeben?

Angeklagter: Da war sie doch schon leer!

Richter: Und wie war das mit der Schlägerei, die Sie vom Zaun gebrochen haben, als ein Mann im Dunkeln gegen Sie stieß?

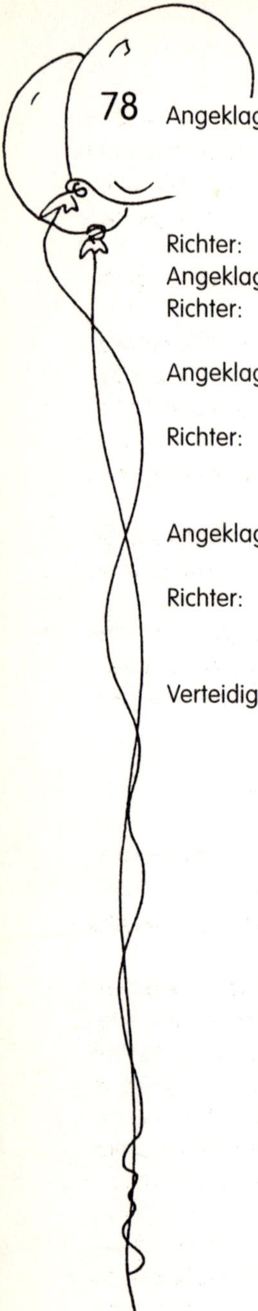

Angeklagter: Och, das fing ganz harmlos an: Erst hat er »Pardon« zu mir gesagt! Da hab' ich ihm für die Beleidigung gleich eine gelangt. Dann habe ich ihm mit einer Bierflasche auf den Kopf geschlagen.

Richter: Und das Ergebnis?

Angeklagter: Die Flasche ging kaputt!

Richter: Warum haben Sie dann noch so lange auf ihn eingeschlagen, bis er besinnungslos war?

Angeklagter: Ich wollte doch Frieden stiften! Sonst hätte es doch nie ein Ende gegeben!

Richter: Wo ist eigentlich das Ohr geblieben, das Sie dem Mann bei der Schlägerei abgerissen haben? Ließ es sich denn nicht mehr annähen?

Angeklagter: Nein, der Polizist, der den Vorfall aufnahm, sagte, er benötige es unbedingt als Anlage zu seinem Protokoll!

Richter: Herr Verteidiger, Sie sehen, Ihr Mandant ist ein ganz rabiater Bursche! Was haben Sie jetzt noch zu seiner Verteidigung zu sagen?

Verteidiger: Herr Richter, meine Herren Geschworenen! Bedenken Sie bitte bei Ihrer Urteilsfindung: Mein Mandant hatte eine schlimme Jugend und ist nur das Opfer seiner Erziehung. Er war gerade fünf Jahre alt, da hängte ihm seine Mutter schon einen Dietrich um den Hals, und er mußte selbständig versuchen, an regelmäßige Einnahmen zu kommen. Aber sehen Sie: Er war so harmlos, er wurde leider immer dabei erwischt!

Er ist deshalb auch heute noch nicht mit dem Jurastudium fertig, weil man ihn immer kurz vor dem Examen eingesperrt hat!

Seine Eltern verweigerten ihm nie einen Wunsch. Verlangte er von seinem Vater tausend Mark, ging der in den Keller und druckte sie ihm. Später wurde er bei seinen Einbrüchen immer ein Opfer seines Glaubens. Er glaubte meist, die Alarmanlage sei ausgeschaltet!

Er ist auch nicht, wie das hier dargestellt wurde, ein verstockter, nicht wiedereingliederungsfähiger Bankräuber. Es läßt sich zweifelsfrei nachweisen, daß der Zettel, den er dem Kassierer hinschob, aus Recyclingpapier bestand!

Richter: Der Herr Staatsanwalt ist empört! Nun hören Sie aber auf, Herr Verteidiger! Ich soll Ihren Mandanten wohl heiligsprechen! Und Sie, Herr Angeklagter, hören Sie auf zu weinen! Das beeindruckt uns nicht im geringsten!

Angeklagter: Mein Rechtsanwalt hat es mir aber trotzdem empfohlen!

Richter: Kommen wir lieber wieder zur Sache. Der Staatsanwalt möchte von Ihnen wissen, warum Sie alle Banken der Stadt ausgeplündert haben, nur nicht die Bank für Gemeinwirtschaft.

Angeklagter: Das ist doch ganz einfach: weil ich dort mein eigenes Konto habe!

Richter: Herr Bumske, Ihre Freundin hat Sie mit der Aussage schwer belastet, daß Sie in der letzten Zeit fast keine Nacht zu Hause waren.

Angeklagter: Die soll doch ruhig sein! Seitdem die die Prämie für meine Ergreifung kassiert hat, kann sie doch gut leben!

Richter: Sie ist unsere wichtigste Zeugin. Warum ist sie eigentlich nicht hier?

Angeklagter: Sie hat entbunden.

Richter: Hat sie denn eine Ladung bekommen?

Angeklagter: Ja, nach der Kirmes!

Richter: Nein, so meine ich das doch nicht. Ich meine eine Vorladung.

Angeklagter: Das war doch schon auf dem Feuerwehrfest! Und jetzt hat sie entbunden.

Richter: Gut, dann kann sie ja noch einmal geladen werden! Herr Angeklagter, ich schließe die Beweisaufnahme. Haben Sie noch etwas zu Ihrer Entlastung zu sagen?

Angeklagter: Hohes Gericht, ich bin bis jetzt fünfundzwanzig Mal erwischt worden. Bedenken Sie bei der Urteilsfindung: durch die Begehung so zahlreicher Straftaten habe ich dafür gesorgt, daß Sie nicht arbeitslos wurden. Ich bin also Ihr Arbeitgeber!

Auch möchte ich Sie urteilsmildernd darauf aufmerksam machen, daß ich stets mit großem Berufsrisiko arbeite. Die meisten meiner Einbrüche erledige ich am

Tage und allein, ohne jeglichen Beistand. Man kann ja heutzutage keinem Spitzbuben mehr vertrauen! Wegen der Unsicherheit auf der Straße bin ich eigentlich auch nachts nur ungern mit so viel Geld und Wertsachen unterwegs!

Überlegen Sie sich, Hohes Gericht: Ich bin schon so oft verurteilt worden, und es hat doch nichts genützt! Geben Sie mir deshalb Bewährung! Denken Sie auch an die Kosten, die unserem Staat entstehen, wenn Sie mir eine Freiheitsstrafe auferlegen!

Außerdem bitte ich die Jugend und Unerfahrenheit meines Verteidigers zu berücksichtigen!

Richter: Hört, hört! Herr Verteidiger, ich bitte um Ihr Schlußplädoyer!

Verteidiger: Herr Richter, meine Herren Geschworenen! Der Herr Staatsanwalt hat meinen Mandanten verunsichert und gesagt: »Nur der Staat darf anderen Leuten in die Tasche greifen!« Aber der Angeklagte meinte, wir leben doch in einem Rechtsstaat und haben die Gleichberechtigung!

Ich frage Sie: Was hätte mein Mandant denn tun sollen? Wäre er nachts, wenn alle Leute schlafen, eingebrochen, hätte man das für einen Beweis seiner Verschlagenheit angesehen! Wäre er aber tagsüber eingebrochen, hätte man das als eine außerordentliche Frechheit bewertet! Ich frage Sie: Wann hätte er denn nun einbrechen sollen?

Eigentlich ist er auch nur deshalb eingebrochen, um seine Steuerschulden bezahlen zu können!

Ich plädiere deshalb nicht nur auf Freispruch, sondern auch auf erwiesene Unzurechnungsfähigkeit!

Hohes Gericht, Sie haben ihn auch angeklagt, Zehn- und Zwanzigmarkscheine gefälscht zu haben. Er hat gestanden, und ich bitte deshalb um mildernde Umstände. Denn bei seiner hervorragenden Begabung wäre es ihm ein leichtes gewesen, Hundert-, ja Tausendmarkscheine zu fälschen! Nein, er begnügte sich mit bescheidenen Zehn- und Zwanzigmarkscheinen! In ihm steckt also ein guter Kern.

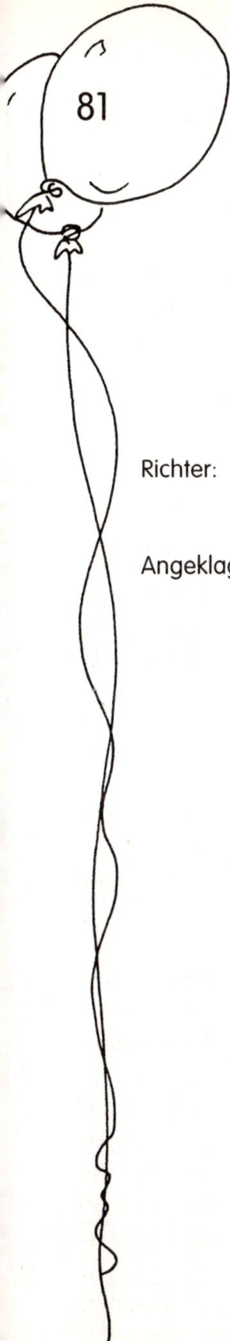

Sollten Sie trotzdem zu der Überzeugung gelangen, ihm eine strenge Strafe auferlegen zu müssen, so bitte ich dies dergestalt zu verwirklichen, daß Sie ihn möglichst schnell in die Freiheit entlassen. Er wird nämlich zu Hause von seiner Lebensgefährtin und im besonderen von seiner Schwiegermutter schon derartig schikaniert, daß die Verhängung einer langjährigen Freiheitsstrafe für ihn geradezu eine Wohltat wäre! Und das kann ja wohl nicht das Ziel der Verhandlung sein!
Ich plädiere also auf Freispruch, damit die Gerechtigkeit ihren Lauf nehme.

Richter: Ich danke Ihnen, Herr Verteidiger, für Ihr Plädoyer! Bevor sich das Gericht zur Urteilsfindung zurückzieht, hat der Angeklagte das Schlußwort.

Angeklagter: Hohes Gerichtsgebäude! Ich nehme mein anfängliches Geständnis auf der Polizeiwache zurück und schließe mich den Ausführungen meines Verteidigers an. Er hat mich inzwischen von meiner Unschuld überzeugt!
Sie haben seinen Antrag gehört. Wenn Sie heute noch einmal Milde walten lassen, verspreche ich Ihnen – wieder einmal –, daß ich ab sofort ein ehrliches Leben führen werde!
Als eindeutigen Beweis meines guten Willens verspreche ich Ihnen, Herr Richter: Sofort nach dem Freispruch kriegen Sie auch Ihre Taschenuhr wieder zurück!

Helau!

ZWEI KNASTBRÜDER

VON ANNE ZENNER

Karli: Was sind denn das für Leute da unten?

Pauly: Ei, das werden auch so kleine Gauner sein – wie du und ich. Nur, daß man die noch nicht erwischt hat!

Karli: Du, die Polizisten, die uns hier abgeliefert haben, das sind auch so Schlawiner.
Weißt du, was die neuerdings machen:
Beim Alkoholtest trennen die das Blut vom Alkohol, und mit dem Alkohol machen die dann ihr Betriebsfest!

Pauly: Du, hat der Richter dich auch so blöde ausgefragt?

Karli: Ja, fragt der mich doch tatsächlich: »Was ist dein Vater?« Ich sage: »Alles, was auf den Tisch kommt!«

Pauly: Dieselbe Frage hat er mir auch gestellt: »Was ist dein Vater?«
»Mein Vater ist erkältet, Herr Richter!«
Da hat der mich vielleicht angebrüllt: »Ich will wissen, was Ihr Vater tut!«
»Er hustet und niest!«

Karli: Du, Pauly, ich weiß jetzt, warum wir heute morgen unsere Zellen auf Hochglanz polieren mußten.
Der Ministerpräsident kommt!

Pauly: Was! Haben sie das Schlitzohr endlich erwischt!?
Wieso wolltest du das letzte Mal eigentlich unbedingt deine Schwiegermutter zur Gerichtsverhandlung mitholen?

Karli: Ei, der Richter hat zu mir gesagt: »Wenn Sie zugeben, Ihre Schwiegermutter mißhandelt zu haben, dann brauchen wir die ja nicht vorzuladen.«
»Oh doch, Herr Richter«, sage ich, »da bestehe ich drauf, daß Ihr die Alte mal seht. Vielleicht bekomme ich dann mildernde Umstände!«
Du, gestern war ich beim Gefängnisdirektor im Büro. Hat der mich gefragt: »Ja, Karli, wieso sind Sie denn schon wieder hier bei uns?«
»Ei, wegen einem mißglückten Einbruch!«

»Wie kam denn das?«, wollte er wissen.

»Tja, Herr Direktor«, sage ich, »drei Monate und fünfzehn Pfund Pferdefleisch hab' ich gebraucht, um mich mit dem Hofhund anzufreunden. Und da bin ich der Katze auf den Schwanz getreten!«

Pauly: Du, mich hatten die doch bei der Verhandlung gefragt, wie weit ich von der Unfallstelle weggewesen wäre.

Ich sagte: »Genau acht Meter und zweiunddreißig Zentimeter!« »Und wieso können Sie die Entfernung so genau angeben?«

»Euer Ehren, weil ich mir gleich gedacht hab', daß mich vor Gericht bestimmt irgendso ein Trottel danach fragen würde!«

Karli: Du, ich hab' heut nacht geträumt, ich wär' erschossen worden. Wie ich wach werde und in den Spiegel guck', seh' ich doch tatsächlich ein großes Loch in meinem Kopf!

Pauly: Du meine Güte – und?

Karli: Das Loch war verschwunden, wie ich mein Maul zugemacht hab'!

Pauly: Ich hab' gehört, der Zenner Arno hätt' dich neulich besucht!?

Karli: Ja! Du, der hat am Bart eine Nudel hängen. »O Arno«, sage ich, »heut bin ich ein Hellseher«. »Was bist du? Hellseher?« »Ja, ich kann dir sagen, was du heute gegessen hast: Ihr habt Nudelsuppe gehabt!«

»Siehst du«, sagt der da, »wie man sich täuschen kann! Die hatten wir nämlich schon vor drei Tagen!«

Sag, stimmt es eigentlich, daß du während deiner letzten Bewährungsfrist beruflich tätig warst? Ich meine, so richtig geschafft hast?

Pauly: Oh ja! Ich war beim Oberzampano Kratz in der Metzgerei. Jeden Tag hab ich unterderhand ein Kilo Knochen mitgeholt. Nachdem er mich erwischt hat, hat er mich entlassen. In mein Zeugnis hat er geschrieben: Pauly Rehbein war fleißig und ehrlich – bis auf die Knochen.

Du warst doch neulich beim Gefängnisarzt. Was hat der dir denn verordnet?

Karli: Ei, ich muß mir doch jetzt jeden Abend den Kopf mit Alkohol einreiben!

Pauly: Und, machst du das auch?

Karli: Selbstverständlich. Die Sache hat nur einen Haken, ich bringe den Alkohol nicht am Mund vorbei!

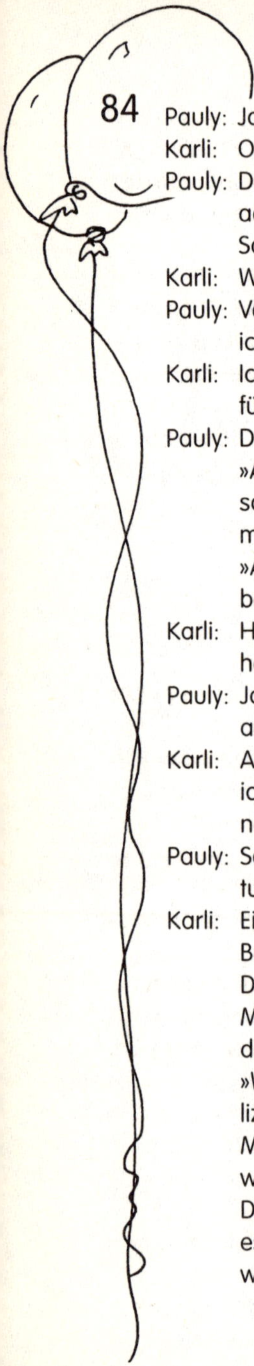

Pauly: Ja, weißt du denn nicht, daß Schnapstrinker nicht alt werden?

Karli: Oh, sag mal, ich bin doch schon siebzig Jahr!

Pauly: Da haste den Beweis: Ohne Schnaps könntest du jetzt schon achtzig sein!
Sag mal, wofür hast du denn diesmal acht Monate gekriegt?

Karli: Wegen Vergewaltigung!

Pauly: Vergewaltigung? Du in deinem Alter? So was Verrücktes hab ich mein Lebtag noch nicht gehört!

Karli: Ich weiß, aber ich hab' mich vor Gericht so geschmeichelt gefühlt, daß ich das Urteil angenommen hab'!

Pauly: Du, wie ich neulich beim Doktor war, sagt der doch zu mir: »Also, ich hab' in meiner ganzen Laufbahn noch keinen Menschen gesehen, der den Nabel so tief unten hat. Das kann ich mir nicht erklären.«
»Aber ich, Herr Doktor! Ich war nämlich früher Fahnenträger beim Kolpingverein!«

Karli: Hast du heut' morgen die Düsenjäger gehört? Was hatten die heut doch noch mal ein Tempo drauf!

Pauly: Ja und? Wenn es bei dir hinten brennen würd', dann gingst du auch ab wie'n D-Zug!

Karli: Also, ich fahr' ja gar nicht gern mit der Eisenbahn. Weißt du, ich hatt' schon einmal ein Eisenbahnunglück erlebt. Ich hatt' nämlich mal im Tunnel anstatt die Tochter den Vater geküßt!

Pauly: Sag mal, was hattest du überhaupt bei deiner letzten Verhaftung ausgefressen?

Karli: Ei, ich hatt' einen Sonntagsausflug gemacht. Hinter einer Brücke stoppte mich die Polizei!
Der Polizist gratulierte mir zu einem Gewinn von zweitausend Mark. Ich war nämlich der zehntausendste Autofahrer, der diese Brücke befahren hatte.
»Was machen Sie denn mit dem Gewinn?« fragte mich der Polizist. Ich sagte: »Zuerst mal den Führerschein!«
Meine Frau neben mir brüllt: »Der in seinem besoffenen Kopf weiß nicht mehr, was er sagt!«
Da sagt unser schwerhörig Oma auf dem Rücksitz: »Ich hab' es doch gleich gesagt, daß wir mit dem geklauten Auto nicht weit kommen!«

Pauly: Sag mal, gehst du nach deiner Entlassung eigentlich noch mal in deinen alten Bezirk als Büstenhalter-Vertreter?

Karli: Ei sicher, wo ich doch jetzt drei neue Modelle in der Kollektion hab, kann ich dort sicher tolle Geschäfte machen!

Pauly: Was für neue Modelle hast du denn?

Karli: Tja, das ist zunächst mal
Modell 1 »Marke Wohlfahrt« – unterstützt die Bedürftigen!
Modell 2 »Marke Polizei« – drängt die Massen zurück!
Modell 3 »Marke Heilsarmee« – hebt die Gefallenen!

Pauly: Du, kannst du mich nicht an deinem Geschäft beteiligen? Ich hätte noch ein viertes Modell!

Karli: Wenn es gut ist, warum net. Meinst du, daß wir für das Modell auch Kundschaft hätten?

Pauly: Mit Sicherheit! Das erste Modell kauft uns ganz bestimmt et Siska ab.

Karli: Wenn du das Siska meinst, wo ich kenne, dann muß das ja ein ganz besonderes Modell sein!

Pauly: Ja, Modell Zauberflöte!
Wenn das Siska den BH abends auszieht, dann ist der ganze Zauber flöten!

Karli: Sag mal, Pauly! Wie war denn die Sach' eigentlich mit der Körperverletzung? Hast du tatsächlich dem Zenner Arno einen Krug auf den Kopf geschlagen? Hast du denn net gewußt, wat da drauf steht?

Pauly: Doch! »Zur Erinnerung an das Merziger Viezfest!«

Karli: Oh Mann, oh Mann! Du hast den ja vielleicht greulich zugericht'!

Pauly: Wieso ich – die krumm Bein hat der schon vorher gehatt!
Was hast du denn da für einen tollen Ring? Laß mal sehn!

Karli: Hier, aber paß auf, das ist nämlich ein Geschenk für meine Frau!

Pauly: Donnerwetter! Da hast du aber einen guten Griff gemacht! Der ist sicher sehr kostbar! Wieviel schätzt du denn?

Karli: Na ja! Immerhin mindestens 4 Jahre!

Pauly: Und wieso hast du den Ring nicht abgeliefert?

Karli: Ei, dann guck doch mal, da ist doch eingraviert »Auf ewig dein«!

Pauly: Du, ich weiß noch en gut Adress, wo de noch viel wertvollere Sachen finnen könscht!

Karli: Ja? Woher hast du denn die Adress?

Pauly: Ei, ich han neulich en Gespräch von den drei Zivis mitgekriegt. Die han sich über ihr Väter unnerhall. Du, von denen hat einer mehr Knete wie den anneren!

Karli: Oha!

Pauly: Ja, der erste hat erzählt:
Mein Vater verdient fünftausend Mark im Monat. Der taucht Figuren in Wachs und verkauft die auf dem Markt.
Der zweite hat gesagt:
Mein Papa verdient zehntausend Mark im Monat, der taucht Figuren in Schokolade und verkauft die als Osterhasen.
Ja, un da hab ich gehört, wie der dritte gesagt hat:
Mein Alter, der taucht überhaupt nix. Der verdient sechzehntausend Mark im Monat – der is Landtagsabgeordneter!

Pauly: Sag, wieso hast du denn dein letzten Hafturlaub so kurzfristig abbrechen müssen?

Karli: Ich hatt' an Silvester Blei gegoss!

Pauly: Aber dafür muß man doch net in de Bulles?!

Karli: Doch! Denn bei der Sach sind nämlich Fünf-Mark-Stücke rauskomm!

Pauly: Also, ich muß feststellen, unsereiner kann et der Polizei awer och nie recht machen!
Brechen mir ein, genn mir engelocht! Brechen mir aus, genn mir auch engelocht!

Karli: Ja, ja. So ist es! Zu mir hat der Richter auch gesagt: »Karli! Was ist dir eigentlich eingefallen, um Mitternacht bei dem Mann einzubrechen und ihn zu beklauen?«
»Herr Richter, ich versteh' Sie nicht. Wie ich das letzte Mal hier war, haben Sie es eine Frechheit genannt, daß ich einen Mann am hellichten Tag auf der Straße überfallen habe. Sagen Sie mir jetzt mal bitte, wann soll denn unsereiner dann überhaupt noch schaffen!?

Pauly: Ja, weil wir das nicht wissen, machen wir jetzt Schluß!

Karli: Unser Urlaub auf Ehrenwort ist vorbei.

Pauly: Trotzdem sind wir vergnügt und sorgenfrei!

Karli: Und weil es uns gefallen hat hier in der Bütt …

Pauly: … nehmen wir das Ding gleich mit!

Helau!

UNTER SOLDATEN

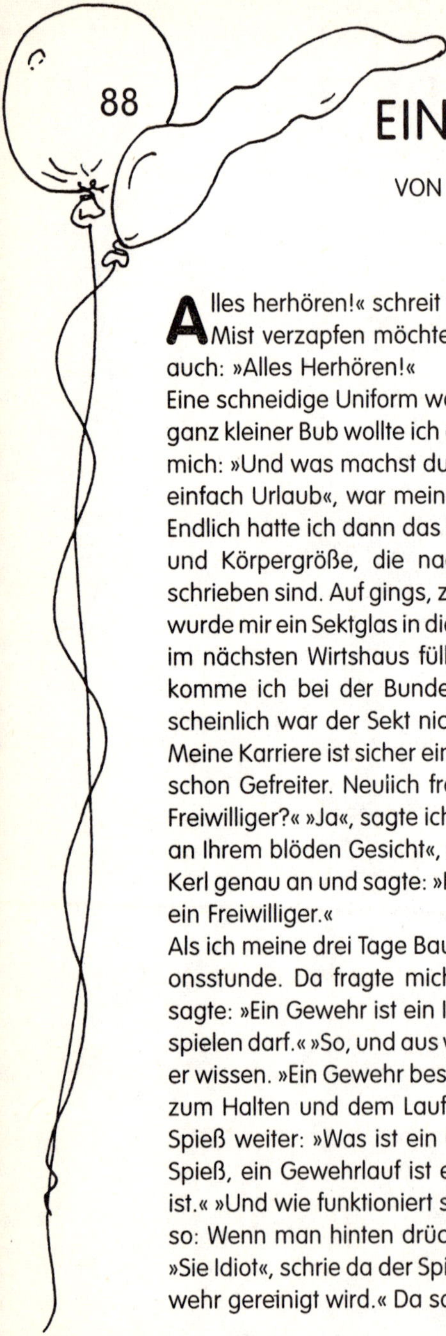

EIN SOLDAT

VON HERMANN HÜGEL

Alles herhören!« schreit unser Spieß immer, wenn er uns seinen Mist verzapfen möchte. Aus demselben Grund schrei' ich jetzt auch: »Alles Herhören!«

Eine schneidige Uniform war schon immer mein Wunsch. Schon als ganz kleiner Bub wollte ich daher zu den Soldaten. Mein Vater fragte mich: »Und was machst du, wenn es Krieg gibt?« »Dann nehme ich einfach Urlaub«, war meine Antwort.

Endlich hatte ich dann das erforderliche Alter und die nötige Schuh- und Körpergröße, die nach Heeresdienstvorschrift 08/15 vorgeschrieben sind. Auf gings, zur Musterung in die Kreisstadt. Als erstes wurde mir ein Sektglas in die Hand gedrückt. Dieses ließ ich mir sofort im nächsten Wirtshaus füllen und brachte es zurück. Seitdem bekomme ich bei der Bundeswehr nur Nierentee zu trinken. Wahrscheinlich war der Sekt nicht in Ordnung.

Meine Karriere ist sicher einmalig. Ich bin erst zehn Jahre Soldat und schon Gefreiter. Neulich fragte mich der Spieß: »Sie sind doch ein Freiwilliger?« »Ja«, sagte ich, »woher wissen Sie das?« »Das sehe ich an Ihrem blöden Gesicht«, sagte da der Spieß. Ich schaute mir den Kerl genau an und sagte: »Kamerad Spieß, ich glaube, Sie sind auch ein Freiwilliger.«

Als ich meine drei Tage Bau absolviert hatte, ging es in die Instruktionsstunde. Da fragte mich der Spieß: »Was ist ein Gewehr?« Ich sagte: »Ein Gewehr ist ein Instrument, mit dem man nur im Ernstfall spielen darf.« »So, und aus wieviel Teilen besteht ein Gewehr?« wollte er wissen. »Ein Gewehr besteht aus zwei Teilen: dem Schaft aus Holz zum Halten und dem Lauf aus Metall zum Putzen.« Da fragte der Spieß weiter: »Was ist ein Gewehrlauf?« Ich antwortete: »Kamerad Spieß, ein Gewehrlauf ist ein langes Loch, um das Eisen gewickelt ist.« »Und wie funktioniert so ein Gewehr?« »Ein Gewehr funktioniert so: Wenn man hinten drückt, kommt vorne was raus.«

»Sie Idiot«, schrie da der Spieß, »jetzt sagen Sie mir noch, wie ein Gewehr gereinigt wird.« Da sagte ich: »Ich ziehe mich nackt aus, dann gehe ich mit meinem Gewehr ins Bad und lasse die Wanne halbvolllaufen. Dann wird das Gewehr ganz zart mit einem weichen Schwamm abgewaschen und sorgfältig mit einem weichen Handtuch frottiert.« »Sind Sie übergeschnappt? Wie kommen Sie auf eine solche Schnapsidee?« schnautzte mich der Spieß an. »Aber Kamerad Spieß, Sie haben doch selbst gesagt: Das Gewehr ist die Braut des Soldaten, und meine Braut reinige ich so, wie es mir gefällt.«

An diesem Tag hatte es der Spieß anscheinend auf mich abgesehen, weil er immer weiter bohrte. Da ich nichts mehr wußte, fragte er meinen Nebenmann: »Sagen Sie mir, was sind die Zimmer in den Kasernen?« »Sauberzuhalten«, sagte mein Nachbar. »Falsch«, sagte der Spieß. Da meldete ich mich, um Eindruck zu schinden, weil ich auch mal etwas wußte. »Was, Sie?«, schrie mich der Spieß an. »Gut, also, was sind die Zimmer in den Kasernen?« Ich antwortete: »Numeriert, Kamerad Spieß, damit man sie auch im Suff findet!«

In der Instruktionsstunde wurden wir auch einmal über die Verantwortung unterrichtet, die wir haben, wenn wir auf Wache stehen. Da wurde ich gefragt: »Was machen Sie, wenn Sie auf Wache stehen und plötzlich von hinten umfaßt werden, und zwar so, daß Sie von Ihrer Waffe keinen Gebrauch machen können?« Ich überlegte kurz, dann sagte ich: »Ich werde sagen: ›Schatz, jetzt noch nicht, ich bin doch noch im Dienst.‹«

Der Spieß brüllte noch eine Weile durch die Gegend, dann sagte er: »So, nun habe ich euch an verschiedenen Beispielen gezeigt, was Verantwortung ist. Weiß jemand noch ein Beispiel?« Ich meldete mich wieder einmal: »An meiner Hose sind alle Knöpfe ab, bis auf einen, und der trägt jetzt die volle Verantwortung, Kamerad Spieß.« Da fragt mich der: »Sind Sie verheiratet?« »Ja«, antwortete ich. »Mit wem?« fragte der weiter. »Mit einer Frau«, sagte ich. »Sie Rindvieh, man ist immer mit einer Frau verheiratet«, schrie mich der Spieß an. Da sagte ich: »Das stimmt ja gar nicht. Meine Schwester ist mit einem Mann verheiratet.«

Zum Standortball durften auch einmal die Frauen mitgebracht werden. Da sagte ich zum Spieß: »Ist Ihre Frau krank?« »Nein, warum fragen Sie?« »Weil Ihre Frau heute so still ist. Die bringt ja überhaupt nicht den Mund auf.« »Ach so«, meinte er, »der ist wegen Renovierung geschlossen.«

Neulich machten wir auch Manöver, das war herrlich, endlich mal raus aus der Kaserne. Keinen Stubendienst und keinen Kasernendrill. Einmal mußten wir Entfernungen schätzen. Fragt mich der Spieß: »Sehen Sie das Mädchen da drüben, mit dem roten Kopftuch?« »Ja«, antwortete ich. »Schätzen Sie mal!« »Einundzwanzig Jahre und im vierten Monat schwanger«, war meine Antwort.

Abends ging ich durch den Wald. Da kam mir eine alte Frau entgegen. Freundlich, wie ich bin, sagte ich: »Guten Abend!« »Ja, da schau her«, sagte sie, »ein Soldat.« »Guten Abend!« wiederholte ich. Sie antwortete: »Ich war in der Stadt und habe mir einen Hering gekauft.« Zum dritten Mal sagte ich: »Guten Abend!«, denn ich merkte, daß die Frau schlecht hörte. Da sagte sie: »Stellen Sie sich vor, hat nur fünfzig Pfennig gekostet.« Da riß mir die Geduld. »Leck mich am Arsch«, war meine Antwort, worauf sie erwiderte: »Ja, ja, das ist immer noch die billigste Vesper.«

Als ich einmal abends von der Kaserne nach Hause kam, sagte meine Frau zu mir: »Ich habe so schreckliche Migräne. Bitte zieh dich im Dunkeln aus.« Ich zog mich im Dunkeln aus und legte mich ins Bett. Nach ein paar Minuten sagte meine Frau: »Ach Schatz, bitte geh doch schnell in die Apotheke und hol mir ein paar Tabletten, ich halte mein Kopfweh bald nicht mehr aus.« Ich aus dem Bett und rein in die Klamotten. Als ich zur Apotheke komme, schaut mich der Apotheker mit ganz langen Stielaugen an. »Warum hängen Sie denn Ihre Augen so heraus?« fragte ich ihn. »Haben Sie mich noch nie in einer Soldatenuniform gesehen?« »Doch, doch«, antwortete er, »aber Sie stehen ja hier als Briefträger!«

Da ahnte ich, was los war. Zuerst wollte ich den Briefträger erschießen, aber dann entschloß ich mich zu etwas anderem. Ich ging schnurstracks zum Haus des Briefträgers und läutete. Als dessen Frau öffnete, sagte ich zu ihr: »Du, dein Alter liegt bei meiner Frau im Bett. Ich habe aus Versehen im Dunkeln seine Uniform angezogen.« Da zog sie mich in ihr Schlafzimmer und sagte: »Komm, wir nehmen Rache.« Wir rächten uns einmal. Danach tranken wir ein Bierchen und besprachen weitere Pläne. Danach rächten wir uns noch einmal. Nach einer Weile sagte sie: »Komm, wie rächen uns noch einmal.« Da sagte ich: »Ist nicht nötig, mein Zorn ist inzwischen schon verflogen.«

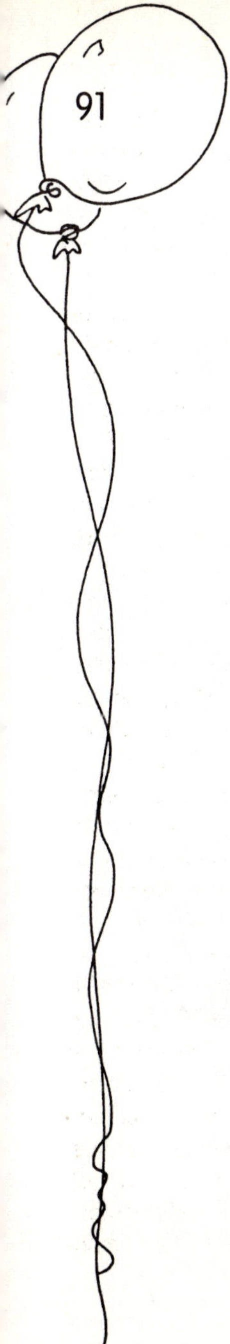

Soldat sein, das ist wunderschön,
man kann dabei viel Tolles sehn.
Doch schöner noch als Ohrensausen
ist Fasching hier in Schlackohrhausen.
Drum, ihr Narren, bleibt gescheit,
ein Prosit der Gemütlichkeit!

Helau!

BEI DER BUNDESWEHR

VON HERMANN HÜGEL

Mein Traum war schon immer der bunte Waffenrock. Aber bei meiner Musterung hat es nicht geklappt. Ich war untauglich. Der Arzt damals war sowieso eine ganz besondere Type. Mit mir wurde einer gemustert, der war stumm. Da sagte der Musterungsarzt: »Legen Sie mal Ihren Daumen auf den Tisch.« Dann schlug er mit dem Hammer auf den Daumen. Der junge Mann schrie: »Aaaa!« Da sagte der Arzt: »Tauglich – und morgen lernen wir das B.«
Als ich an die Reihe kam, sagte ich, ich könne nicht sehen. Da schrieb er mich untauglich. Abends ging ich ins Kino. Plötzlich sah ich, daß neben mir der Musterungsarzt saß. Ich schaltete sofort und fragte ihn: »Gnädige Frau, sitze ich hier richtig im Bus nach Hause?«
Der Traum vom Soldatsein war vorerst ausgeträumt. Doch vor wenigen Wochen wurde er dann doch wahr. Eine Woche wurde ich Soldat. Länger konnten die mich bei der Bundeswehr allerdings nicht brauchen, sonst wäre ich sicher wegen Wehrkraftzersetzung einem Disziplinarverfahren unterworfen worden.
Das Ganze ging damit los, daß wir uns in der Kaserne melden mußten. Nach einer taktischen Anweisung ging es in die Kleiderkammer. Die ersten Schwierigkeiten tauchten auf, da Bundeswehrhosen für Wehrpflichtige nicht in dem benötigten Umfang vorhanden waren. Es klappte trotzdem.
Dann ging's zum Schießen. Ich will ehrlich sein! Wenn ich mit der Pistole geworfen hätte, hätte ich wesentlich besser getroffen.
Und dann gings ab auf den Übungsplatz. Da standen wir dann in Reih' und Glied. Kommt so ein Steppke auf mich zu und brüllt mich an: »Wie heißen Sie?« Ich sagte meinen Namen und fragte zurück: »Und wie heißen Sie?« »Schnauze«, sagte der. Da antwortete ich: »Auch ein schöner Name.«
Plötzlich kam ein wildgewordener Bulle auf uns zu. Alle Mann sprangen in Deckung. Nur ich blieb stehen. Als alles vorbei war, kam der Spieß auf mich zu und sagte: »Sie haben Haltung gezeigt, haben Sie einen Wunsch?« »Jawohl, ich bräuchte frische Unterhosen.«

Da kam plötzlich der Herr Oberst vorbei. Da dieser unseren Spieß gut kannte, sagte er: »Guten Morgen!« Ich meinte, der Herr Oberst habe uns Soldaten gegrüßt und schrie ganz laut: »Guten Morgen, Herr Oberst!« Als der Oberst vorbei war, brüllte der Spieß: »Was für ein Idiot war das?« Da sagte die ganze Kompanie: »Der Herr Oberst!«
Abends stand ich gerade in der Kantine, als der Spieß hereinkam. Ich stand am Zigarettenautomat. Da fragte er mich, ob ich ihm fünf Markstücke geben könne. Ich sagte: »Mal nachsehen, ich glaube schon.« Da schrie dieser: »Mensch, nehmen Sie Haltung an, noch mal von vorn. Haben Sie fünf Markstücke für mich?« Darauf ich sofort: »Nein, Herr Feldwebel!«
Am nächsten Morgen kam unser Spieß mit zwei verbundenen Händen zum Dienst. Da fragte einer der Soldaten: »Herr Feldwebel, haben Sie einen Unfall gehabt?« »Ach was, bin gestern abend nur im Kasino gewesen, und da ist mir so ein besoffenes Schwein auf die Hände getreten.«
Nachdem wir einige Übungen absolviert hatten, schrie der Spieß: »In einer Minute steht alles feldmarschmäßig auf dem Kasernenhof. Verstanden?« Da fragte ich: »Dürfen wir, wenn wir Lust haben, auch etwas früher kommen?«
Dann mußte ich austreten. Zufällig war auch der Spieß mit mir auf der Toilette. Ich grinste ihn frech an und sagte: »Endlich mal ein Ort, wo ich mir Ihnen gegenüber etwas herausnehmen darf.« »Mein Lieber«, sagte der Feldwebel, »du ziehst auch hier den kürzeren.«
Kaum waren wir wieder angetreten, kam der Herr Oberst mit einer jungen Dame, die in anderen Umständen war. Er sagte zu der Dame: »Hier ist die ganze Kompanie angetreten. Schauen Sie einmal, wer der Kindesvater sein könnte.« Die Dame schritt die Kompanie ab. Dann deutete sie auf mich und meine beiden Nachbarn. »Was, diese drei«, stotterte der Oberst, »kommen in Frage?« »Nein«, sagte die junge Dame, »diese drei scheiden aus.«
Plötzlich sah der Oberst einen mit langen Haaren und schnauzte ihn an: »Ihre Haare hätten aber schon vor längerer Zeit geschnitten werden müssen.« Da sagte dieser: »Herr Oberst, meine Haare sind vor längerer Zeit geschnitten worden.«
Da schaute er plötzlich mich an, sah meine stramme Haltung und meinte: »Das merkt man, Sie stammen aus einer Familie, die schon immer gedient hat. Hat in Ihrer Familie auch schon jemand eine Aus-

zeichnung bekommen?« Ich sagte: »Ja, mein Vater.« Da fragte der Oberst: »So, für was denn?« Da antwortete ich: »Er war der zweihundertste Besucher auf einer Kaninchenausstellung.«
Einmal hatten wir auch Sanitätsausbildung. Da fragte mich der Sanitätsgefreite: »Was verstehen Sie unter einer Auskugelung?« Ich: »Das ist, wenn mein Glied aus der Pfanne springt.«
Ein andermal war ich in der Küche. Da kam der Kompaniechef und fragte einen von uns: »Was sind Sie von Beruf?« »Koch.« Den nächsten: »Und Sie?« »Metzger.« Den nächsten: »Und Sie?« »Bäcker.« Dann den nächsten: »Und Sie?« »Schmied.« »Was machen Sie als Schmied in der Küche?« wollte er wissen. »Ich verwalte die eisernen Rationen!«
Am nächsten Tag machten wir einen Orientierungsmarsch. Da gab uns der Spieß einen taktischen Rat: »Männer, wenn es euch plötzlich schwarz vor Augen wird, dann seid ihr beim Marschieren eingeschlafen.«
Abends waren wir im Kasino. Die Frau Hauptmann hatte Geburtstag. Ich hatte Erntedank gefeiert und den ganzen Abend schon kräftig Korn eingefahren. Da sagte ich zum Hauptmann: »Ihre Frau hat ja eine ganz tolle Figur. Ich würde tausend Mark geben, wenn ich Ihrer Frau mal in den nackten Po kneifen dürfte.« »Was«, meint der, »tausend Mark. Frau, das wäre zu überlegen.« Da sagte die Frau: »Wir sind ja unter uns, das können wir machen.« Sie hob ihr Röckchen hoch und zog das Höschen leicht nach unten. Das habe ich mir dann eine Viertelstunde angesehen. Da rief der Hauptmann: »Mensch, was ist denn los, hast du keinen Mut?« Da sagte ich: »Mut schon, aber kein Geld!«
Am anderen Morgen war die Frau vom General krank. Dank meiner Sanitätsausbildung vom Vortag schickte man mich hin, ich solle nachsehen, was es denn sei. Als ich zurückkam, sagte ich: »Sie muß schwer krank sein.« Meinte der General: »Schrecklich, hat sie Fieber?« Da sagte ich: »Das weiß ich nicht genau. Das Fieberthermometer war kaputt. Da habe ich das Thermometer vom Einkochkessel genommen, und das stand nach der Messung auf Mirabellen.«
Einmal mußte ich auch Wache schieben. Es war genau neben einem kleinen Teich. Plötzlich kamen vier Jungen. Da ich mich gut getarnt hatte, bemerkten sie mich nicht. Da sagte der eine: »Wollen wir hier nicht schwimmen gehen?« Da sagte ein anderer: »Das geht nicht, wir

haben keine Badehosen dabei.« Meinte wieder ein anderer: »Dann baden wir eben nackt, wir sind ja unter uns.« Nach einer halben Stunde kletterten die Buben wieder heraus und wollten sich gerade anziehen, da kam der Pfarrer des nahen Ortes. Drei von den Buben sprangen sofort wieder ins Wasser, nur der kleinste blieb stehen. Da sagte der Pfarrer: »Schämst du dich denn nicht, so nackig vor mir zu stehen? Warum springst du denn nicht ins Wasser?« Meinte der Kleine: »Das hab' ich nicht nötig, ich bin doch evangelisch.«

Der letzte Tag war angebrochen. Unsere Probezeit ging zu Ende. Jetzt ging es nur noch darum, ob wir bei der Bundeswehr bleiben konnten oder wieder in unseren Zivilberuf zurückkehren mußten. Da sagte ich zum Stabsarzt, der uns noch einmal untersuchte: »Mich brauchen Sie nicht untersuchen, ich bin völlig gesund und voll tauglich.« Der Stabsarzt lächelte und meinte: »Das haben wir gleich.« Da sagte ich: »Und wenn ich mir beim Holzhacken die linke Hand abhakken würde, könnte ich immer noch mit der rechten Hand dem Vaterland dienen.« Der Stabsarzt zog die Augenbrauen hoch: »Jetzt ziehen Sie sich erst mal aus.« »Herr Stabsarzt, mich brauchen Sie gar nicht zu untersuchen. Und wenn ich mir auch noch einen Fuß abfahren tät, heut gibt es so gute Prothesen. Da könnt ich immer noch dem Vaterland dienen.« Dem Stabsarzt riß die Geduld: »Hören Sie auf mit dem Unsinn, Sie sind ja verrückt.« Da sagte ich ganz leise zu ihm: »Bitte, schreiben Sie mir das ganz deutlich auf einen Zettel.«

Zu dem neben mir sagte der Stabsarzt: »Bücken Sie sich!« Dann sagte er: »Tauglich.« Da drehte sich dieser um und meinte: »Das hätten Sie mir auch ins Gesicht sagen können!«

Männer! Richt' euch!
Stillgestanden!
Die Augen links!
Präsentiert das Ge . . . . . tränk!
Kapelle, ein Lied!

Helau!